APERÇUS NOUVEAUX

SUR L'HISTOIRE

DE JEANNE D'ARC

PAR

J. QUICHERAT

PROFESSEUR A L'ÉCOLE NATIONALE DES CHARTES
ÉDITEUR DES PROCÈS DE LA PUCELLE

A PARIS
CHEZ JULES RENOUARD ET Cie
LIBRAIRES DE LA SOCIÉTÉ DE L'HISTOIRE DE FRANCE
RUE DE TOURNON, N° 6
M. DCCC. L

APERÇUS NOUVEAUX

SUR L'HISTOIRE

DE JEANNE D'ARC

A PARIS

DE L'IMPRIMERIE DE CRAPELET

RUE DE VAUGIRARD, 9

M. DCCC. L

APERÇUS NOUVEAUX

SUR L'HISTOIRE

DE JEANNE D'ARC

PAR

J. QUICHERAT

PROFESSEUR A L'ÉCOLE NATIONALE DES CHARTES
ÉDITEUR DES PROCÈS DE LA PUCELLE

A PARIS
CHEZ JULES RENOUARD ET Cie
LIBRAIRES DE LA SOCIÉTÉ DE L'HISTOIRE DE FRANCE
RUE DE TOURNON, N° 6
M. DCCC. L

PRÉFACE.

Ce livre n'est ni une histoire, ni un panégyrique. Ouvrage de pure critique, il était destiné à accompagner la publication des procès de Jeanne d'Arc que j'ai récemment achevée pour pour la Société de l'Histoire de France [1]. Son étendue l'ayant empêché d'être mis à la place pour laquelle il avait été fait, je me décide à le publier séparément. En l'exposant à cette fortune, je ne crois pas céder à l'attachement que les auteurs ont d'ordinaire pour leurs productions. Je n'ai qu'un désir : celui de communiquer au public sur un sujet qui l'intéressera dans tous les temps, les aperçus qu'a fait naître dans mon esprit une étude si laborieuse des textes, que je doute qu'à moins d'être éditeur, comme je l'ai été, on en recommence de sitôt une semblable.

Je ne mériterais pas d'être pris au sérieux, si j'annonçais que mon travail a eu pour effet de me montrer la vie de Jeanne d'Arc absolument différente de ce qu'on l'a vue jusqu'à présent.

[1] Procès de condamnation et de réhabilitation de Jeanne d'Arc, dite la Pucelle, publiés pour la première fois d'après les manuscrits de la Bibliothèque nationale, suivis de tous les documents historiques qu'on a pu réunir, et accompagnés de notes et d'éclaircissements; 5 vol. in-8°, 1841-1849. Paris, chez Jules Renouard.

Loin de là, je m'empresse de reconnaître que nos auteurs modernes en ont saisi les traits sublimes avec une intelligence qui ne laisse rien à désirer. Leur talent a préservé pour toujours des atteintes du doute les grandes actions de la Pucelle. Mais en pénétrant dans cette partie moins lumineuse de toute histoire et surtout de celles qui ont eu pour théâtre des pays en révolution, en cherchant à rétablir la continuité des événements par un examen attentif des intervalles qui séparent les moments d'éclat, là, à travers les incertitudes, les contradictions, les mensonges des contemporains, il m'est arrivé de saisir un certain nombre de faits, dont j'espère que l'évidence sera reconnue après qu'ils auront subi le contrôle de l'opinion.

C'est à exposer ces aperçus que j'ai mis toute mon étude, sans viser aucunement à l'intérêt d'un récit continu ni m'attacher au côté dramatique des situations. Comme je n'ai point cherché à émouvoir, mais seulement à faire réfléchir, je serai récompensé selon mes vœux si l'on trouve dans cet écrit quelque portée de raisonnement et un reflet de l'amour infini que je porte à la vérité.

APERÇUS NOUVEAUX

SUR L'HISTOIRE

DE JEANNE D'ARC.

I.

De l'enfance et de la vocation de la Pucelle.

Jeanne d'Arc, de son aveu, avait treize ans accomplis lorsqu'elle entendit pour la première fois la voix qui lui disait que la France serait sauvée par elle [1]. Comme elle était née le jour des Rois 1412, ce fut dans le courant de l'année 1425 (le procès dit en temps d'été) qu'elle eut cette vision [2]. Tout me porte à croire qu'elle y fut préparée par quelque chose d'extraordinaire survenu dans le pays qu'elle habitait.

[1] « Confessa fuit quod dum esset ætatis xiij annorum, ipsa habuit « vocem a Deo... et venit illa vox... tempore æstivo. » *Procès*, t. I, p. 52.

[2] « In nocte epiphaniarum Domini... hanc intrat mortalium « lucem. » *Lettre au duc de Milan*, Procès, t. V, p. 116. « Interrogata cujus ætatis ipsa erat, respondit quod, prout sibi videtur, « est quasi xix annorum. » *Procès*, interrogatoire du 21 février 1431, t. I, p. 46.

Domremy, son village, est sur la rive gauche de la Meuse, au bas d'une côte dont les plateaux faisaient partie autrefois du duché de Bar; les hauteurs de la rive opposée délimitaient la Lorraine : il n'y avait donc que la vallée où coule le fleuve, qui fût alors terre de France. Cette étroite dépendance de la couronne, qui d'un côté se rattachait par le Bassigny au gouvernement de Champagne, se prolongeait à cinq lieues au dessous de Domremy, jusqu'à Vaucouleurs, dernière fortification où les premiers rois capétiens avaient posé la limite de leur puissance, et dont Charles V, comme par une inspiration providentielle, avait fait depuis peu un membre inséparable de la couronne[1]. Plus bas, s'étendait la domination de divers seigneurs feudataires de l'empire; puis la Meuse, sortie de l'évêché de Verdun, arrosait encore un morceau de territoire français, les châtellenies de Mouzon et de Beaumont, qui formaient d'autres annexes de la Champagne.

La guerre dont tout le royaume fut embrasé au xve siècle, épargna longtemps ces pays écartés; mais après la bataille de Verneuil, elle en

[1] Ordonnances des rois de France, t. IV, p. 583, année 1365.

trouva le chemin. Ce fut le 22 juillet 1424 que les troupes de Charles VII perdirent cette funeste bataille; et à la fin du mois de septembre suivant, des bandes de Picards qui venaient de soumettre Guise, portèrent le ravage sur les bords de la Meuse[1]. Là commencèrent les tribulations des habitants de la vallée; et leurs premières larmes ainsi que leur premier sang répandus, précédèrent de trop peu l'inspiration de la Pucelle pour n'avoir point contribué à lui donner son essor.

Ce sera l'éternel regret de l'histoire d'avoir à parler de l'enfance de Jeanne d'Arc, et de manquer du document capital par lequel il était permis de s'en instruire. Je veux parler des procès-verbaux de l'examen qu'elle subit à Poitiers, avant d'être employée par le gouvernement de Charles VII. Elle-même les invoqua plusieurs fois dans le cours de son jugement[2]; mais ceux

[1] Monstrelet, liv. II, ch. XXII.

[2] « Si de hoc faciatis dubium, mittatis Pictavis ubi alias ego « fui interrogata. » *Procès*, t. I, p. 71. « Illud bene scivi aliquando, « sed oblita sum; et est positum in registro apud Pictavis. » *Ibid.*, p. 72. « Dicit quod bene vellet quod interrogans haberet copiam « illius libri qui est Pictavis. » *Ibid.*, p. 73. « Non recordor si « hoc fuerit mihi petitum; et illud est scriptum in villa Picta- « vensi. » *Ibid.*, p. 94.

qui faisaient son procès n'eurent garde d'y recourir. Il serait plus étonnant qu'une pièce de cette importance n'ait point paru lorsqu'on réhabilita sa mémoire, si la manière dont elle est mentionnée dans la sentence[1], ne donnait à penser qu'elle n'existait plus à cette époque. Déjà la négligence l'avait égarée, ou la politique l'avait détruite.

Pour compenser une si grande perte, il nous reste les bruits publics consignés lors de l'apparition de la Pucelle; ses réponses aux interrogatoires qu'elle subit à Rouen; l'acte d'accusation dressé contre elle, et enfin les informations que la justice fit faire dans son pays, vingt-cinq ans après sa mort. Mais ces quatre sources sont loin d'être suffisantes.

La première consiste en trois ou quatre pièces, dont les auteurs ont cherché moins à satisfaire une curiosité intelligente, qu'à répéter des on dit empreints de merveilleux. De là leur insistance sur des faits qui sont en quelque sorte les lieux communs de la légende au moyen âge : comme, par exemple, que la naissance de Jeanne fut an-

[1] « Attentis testium depositionibus... super examinatione ipsius « in præsentia plurimorum prælatorum... Pictavis et alibi facta, « diebus iteratis. » *Procès*, t. III, p. 357.

noncée par des signes surnaturels; que les loups s'adoucissaient devant les moutons de son troupeau; qu'elle attirait à elle les oiseaux des champs, etc.[1]

Les interrogatoires de Rouen ne sont pas non plus très-instructifs pour le point qu'il s'agit d'éclaircir. Jeanne en présence de ses juges, n'est plus, comme à Poitiers, la simple fille qui s'abandonne à ses souvenirs devant des hommes qu'elle est sûre de subjuguer. On s'aperçoit qu'elle sent autour d'elle une atmosphère de malveillance et de haine. Le danger de sa situation la domine; elle se livre le moins qu'elle peut. Cependant c'est dans ses réponses, et là seulement, que se montre le mélange de religion et de patriotisme qui fermentait dans sa pensée

[1] « Mirum! omnes plebeii loci illius inæstimabili commoventur « gaudio, et, ignari nativitatis Puellæ, hinc inde discurrunt in- « vestigantes quid novi contigisset;... galli velut novæ lætitiæ « præcones, præter solitum in inauditos cantus prorumpunt. » *Lettre de Perceval de Boulainvilliers au duc de Milan*, t. V, p. 116. « Agnorum custodiæ a parentibus deputatur, in qua nec ovicula « noscitur deperiisse, nec quicquam a fera exstitit devoratum. » Id., *ibid.* « Ils affirmoient que, quant elle estoit bien petite, qu'elle gardoit les brebis, que les oiseauls des bois et des champs, quant les appeloit, ils venoient mangier son pain dans son giron, comme privés. » *Journal de Paris*, ad ann. 1431.

enfantine[1]. Elle regardait la France comme le royaume de Jésus, et dès lors les ennemis de ce saint royaume étaient pour elle les ennemis de Dieu[2].

L'acte d'accusation[3], où l'on serait tenté de croire que de pareils traits ont été relevés soigneusement, n'allègue rien, au contraire, de ce qui a quelque portée politique. On ne s'y attache

[1] « Respondit quod nesciebat ibi (*à Domremy*), nisi unum « Burgundum quem voluisset habere caput abscissum, tamen « si hoc placuisset Deo. Interrogata an ipsa, in sua juvenili « ætate, habuit magnam intentionem persequendi Burgundos : « respondit quod habebat magnam voluntatem seu affectionem « quod rex suus haberet regnum suum. » *Procès*, t. I, p. 65 et 66.

[2] « Jehanne la Pucelle, vous mande de par le roy du ciel, son droitturier et souverain seigneur, duquel elle est chacun jour en son service roial, que vous fassiez obéissance... au gentil roy de France qui sera bien brief à Rains et à Paris, et en ses bonnes villes du sainct royaulme, à l'ayde du roy Jésus. » *Lettre de la Pucelle aux habitants de Troyes*, t. IV, p. 287. Cette opinion de la suzeraineté de Dieu explique pourquoi Jeanne à son arrivée auprès de Charles VII, l'engage à faire la donation, c'est-à-dire la recommandation féodale de son royaume à Dieu, ce que témoignent le duc d'Alençon : « Fecit regi plures requestas et inter « alias quod donaret regnum suum regi cœlorum » (t. III, p. 91) et le chroniqueur Éberhard de Vindeck : « Elle lui fit promettre de se démettre de son royaume, d'y renoncer et de le rendre à Dieu de qui il le tenait » (t. IV, p. 486).

[3] Procès, t. I, p. 204 et suiv.

qu'à de méchants propos, ouvrage de la sottise ou de la superstition, pour établir que Jeanne se livrait dès son enfance à des pratiques réprouvées par la foi. Je n'en veux pour preuve qu'un article où l'on fait ressortir avec le ton de l'épouvante, qu'elle allait suspendre à un certain arbre, près du village, des guirlandes de feuillage et de fleurs qui disparaissaient pendant la nuit[1].

Les informations faites à Domremy en 1455[2], nous offrent un tableau charmant et plus d'une fois reproduit : au pied du coteau, la chaumière de la famille d'Arc joignant le pourpris de l'église; un peu plus loin, en montant, entre des touffes de groseilliers, la fontaine[3] ombragée du fameux arbre, du hêtre séculaire, dont mille ré-

[1] « Choreizando circumibat fontem et arborem prædictos ; post« modum ramis ejusdem arboris plura serta variis herbis et flori« bus, propria manu confecta appendebat... quæ quidem, mane « sequente, ibidem minime reperiebantur. » *Procès*, t. I, p. 211.

[2] T. II, p. 387 et suiv. de l'édition des Procès.

[3] « *Fons rannorum* ou *ad rannos.* » Je n'ai pas su expliquer dans mon édition (t. III, p. 391) le sens de *rannus*, mot qui manque dans Du Cange. Je l'ai trouvé depuis dans le Glossaire de Jean de Garlande, auteur du XIIIe siècle, comme équivalent de groseillier. C'est une forme corrompue de *rhamnus*, qui dans Pline s'applique au nerprun.

cits faisaient le séjour des fées ; enfin, sur la hauteur, le Bois-Chenu, d'où, suivant la tradition, devait sortir une femme qui sauverait le royaume perdu par une femme [1]. Des paysans laborieux et honnêtes habitaient ces lieux; leurs enfants, élevés dans la religion, allaient au beau temps danser sous l'arbre, et, à certaines fêtes, y manger des gâteaux que les mères préparaient la veille. Mais les témoins qui racontent ces innocents ébats, ont moins de souci de dire quelle figure Jeanne y faisait, que de plaider pour son orthodoxie, en s'accordant tous à la rendre insignifiante à force de timidité et de dévotion. Ils se taisent aussi sur les jours de colère, où ces mêmes enfants, suivant eux si paisibles, allaient se battre jusqu'au sang dans la prairie avec ceux

[1] « Erant prophetiæ dicentes quod circa illud nemus debebat « venire quædam puella quæ faceret mirabilia. » *Procès*, t. I, p. 68. « Fuit transmissa comiti de Suffort una schedula papyrea in qua « continebantur quatuor versus facientes mentionem quod una « puella ventura est *du Bois-Chanu,* et equitaret super dorsum ar-« citenentium. » *Ibid.*, t. III, p. 15. « In libro antiquo ubi recita-« batur professio Merlini, invenit scriptum quod debebat venire « quædam puella ex quodam nemore Canuto, de partibus Lotha-« ringiæ. » *Ibid.*, p. 133. « Audivit eidem Johannæ dici : Nonne « audistis quod prophetizatum fuit quod Francia per mulierem de-« perderetur et per unam virginem de marchiis Lotharingiæ res-« tauraretur? » T. II, p. 447.

d'un village voisin dévoué à l'opinion bourguignonne[1].

En combinant les indices fournis par des documents si incomplets, l'idée que je me fais de la petite fille de Domremy est celle d'un enfant sérieux et religieux, doué au plus haut degré de cette intelligence à part qui ne se rencontre que chez les hommes supérieurs des sociétés primitives. Presque toujours seule, à l'église ou aux champs, elle s'absorbait dans une communication profonde de sa pensée avec les saints dont elle contemplait les images, avec le ciel où on la voyait souvent tenir ses yeux comme cloués. Cette fontaine, cet arbre, ces bois, sanctifiés par une superstition vieille comme le monde, elle leur communiquait sa sublime inquiétude, et dans leur murmure, elle cherchait à démêler les accents de son cœur. Mais du jour où l'ennemi apporta dans la vallée le meurtre et l'incendie, son inspiration alla s'éclaircissant de

[1] Nous savons ce fait par les interrogatoires de Jeanne. « Interrogata si unquam fuit cum pueris qui pugnabant pro parte « illa quam tenebat, respondit quod non unde habet memoriam ; « sed bene vidit quod quidam illorum de villa de Domremy qui « pugnaverant contra illos de Maxey, inde aliquando veniebant « bene læsi et cruentati. » *Procès*, t. I, p. 66.

tout ce qu'il y avait en elle de pitié et de religion pour le sol natal. Attendrie davantage aux souffrances des hommes par le spectacle de la guerre, confirmée dans la foi qu'une juste cause doit être défendue au prix de tous les sacrifices, elle connut son devoir.

N'eût-elle servi qu'au perfectionnement de cette âme généreuse, la résistance des habitants de la Meuse mériterait d'être immortalisée; l'opiniâtreté avec laquelle elle se prolongea, la place au nombre des actions les plus mémorables. On ne saurait trop admirer que de pauvres villages, séparés du reste de la France par quatre-vingts lieues de pays ennemi, plutôt que de prêter serment à l'étranger, se soient associés à la fortune désespérée d'une poignée de soldats.

Comme cette petite guerre a passé inaperçue jusqu'ici, je commencerai par en réunir les traits épars dans Monstrelet et dans quelques actes de l'époque.

Les Anglais, maîtres de la Champagne, avaient laissé prendre aux principales villes de cette province un certain pouvoir consultatif sur les affaires publiques. Les corps municipaux de Reims, de Troyes, de Châlons, tantôt séparément, tantôt de concert, envoyaient au gouvernement de fréquentes requêtes, au fond desquelles apparaissait toujours la menace de faire de leur prise en considération une condition de fidélité. A partir de 1425, le but continuel de ces requêtes fut de provoquer la soumission des défenseurs de la Meuse dont l'état d'hostilité servait de prétexte au passage d'une foule d'aventuriers dangereux [1]. Grâce aux subsides alloués par les villes, un plan de campagne paraît avoir été concerté, d'après lequel les Anglais auraient entrepris la réduction de la Meuse inférieure, laissant aux Bourguignons le soin d'opérer contre le cercle de Vaucouleurs. En 1427 seulement, le comte de Salisbury put emporter, après cinq mois de siége, une bicoque appelée Moymer [2], qui servait d'avant-poste aux défenseurs de Beaumont. Beaumont résista encore un an et demi; mais à la fin, assiégée en même temps que Mouzon par une armée aux ordres de Jean de Luxembourg, cette place se rendit [3]. Mouzon de son côté obtint un délai de trois mois pour

[1] Archives législatives de la ville de Reims, publiées par Varin. *Statuts*, t. I, p. 675, 676, 683, 685, 686, 730, 732.

[2] Monstrelet, l. II, c. XXXVII; Journal d'un bourgeois de Paris, *ad ann.* 1425; Archives de Reims, l. c., p. 727.

[3] Monstrelet, l. II, c. XLVII.

envoyer demander au roi de France des secours qui ne vinrent point. Les habitants de la contrée échappèrent par l'émigration au joug des Anglais. L'historien Zantfliet témoigne qu'ils allèrent à refuge dans le pays de Liége où ils reçurent un accueil digne de leur fidélité [1].

Le détail des opérations contre Vaucouleurs ne se présente pas avec le même enchaînement. Il est question au procès de la Pucelle, de plusieurs fuites des habitants de Domremy. Tantôt ils s'enferment dans une petite forteresse appelée le château de l'Ile, qui était devant leur village entre les deux bras de la Meuse [2]; tantôt ils se sauvent jusqu'à Neufchâteau [3]. Il est certain que ces retraites eurent pour cause l'approche de l'ennemi; mais à quel moment et dans quelles circonstances? Tout ce que je puis dire, c'est que depuis 1427, la guerre fut conduite sur ce point par Antoine de Vergy, seigneur bourguignon qui s'était acquis à la journée de Cravant la réputation d'un grand capitaine. Langres était sa place d'armes. Le 22 juin 1428, il reçut du gou-

[1] Dans Martene, *Amplissima collectio*, t. V, p. 500.

[2] *Procès*, t. I, p. 66.

[3] *Procès*, t. I, p. 51, t. II, p. 392, et l'article xij des autres dépositions recueillies en Lorraine.

vernement anglais l'ordre de réduire définitivement la ville et le château de Vaucouleurs. Le 1er juillet suivant, il passait en revue à Saint-Urbain les troupes rassemblées pour cette expédition [1]. S'il entra dans la vallée de la Meuse, le succès ne répondit pas à ses efforts, car l'année d'après Vaucouleurs se maintenait toujours inébranlable dans sa résistance.

Voilà tout ce que j'ai pu recueillir de cette lutte héroïque sous l'impression de laquelle la foi au salut commun put s'allumer dans le cœur d'un enfant.

II.

De l'état de la France à l'avénement de la Pucelle.

La plupart des biographes de Jeanne d'Arc, pour donner une idée de la détresse du royaume lorsqu'elle apparut, se sont crus obligés de remonter à l'assassinat du duc d'Orléans, en 1407. C'est trop faire ou pas assez. Les événements ont des causes éloignées et des causes prochaines. Le passé tout entier les a préparés; mais il n'y a que le présent pour les produire, et c'est ce qui est cause que l'intelligence ou l'aveuglement d'un

[1] Archives nationales, section hist. K, carton 69, n. 63.

seul peuvent être d'un si grand effet dans le monde.

En 1428, au moment où les Anglais mirent le siége à Orléans, il y avait dix-sept ans qu'on se battait en France; mais depuis la fin de 1424 la guerre languissait tellement qu'on eût pu croire à une suspension des hostilités. Ces quatre années de torpeur bien plus que les treize qui avaient précédé, furent ce qui mit la France à deux doigts de sa perte. Je vais expliquer comment.

Il ne faut pas se faire d'illusion sur l'établissement des Anglais dans nos provinces. Excepté en Normandie, ils ne prirent racine nulle part. Le grand obstacle à cela fut leur petit nombre qui les enchaîna dans une continuelle dépendance de la faction bourguignonne. N'ayant pas assez d'hommes pour tenir en respect les conquêtes qu'elle leur avait procurées, ils lui en abandonnèrent la garde. Ainsi dans toute la Picardie, ils n'occupèrent jamais que deux places, Rue et Le Crotoy; le reste fut laissé aux seigneurs du pays qui s'étaient montrés très-acharnés contre l'ancien parti orléaniste. On ne les mit pas même sous la surveillance d'un chef anglais. Ils continuèrent à recevoir les ordres de Jean de

Luxembourg qui depuis le commencement des guerres s'était mis à leur tête, moins pour servir les partis, que pour se créer un état indépendant entre la France et la Belgique. Par une politique un peu différente, en Champagne on mêla des Anglais aux garnisons bourguignonnes des grandes villes; mais en 1427 un Bourguignon fut nommé au gouvernement du pays qui avait été dévolu jusque-là au comte de Salisbury. L'Ile de France eut aussi des garnisons mi-parties avec des gouverneurs d'origine française. L'opinion de Paris y faisait loi, opinion si peu sûre, qu'on ne jugea pas prudent d'y laisser le siége du gouvernement. D'ailleurs le défunt roi d'Angleterre avait ordonné en mourant que la garde de Paris fût livrée au duc de Bourgogne toutes les fois qu'il en témoignerait le désir; et cela se pratiqua ainsi au plus fort des conquêtes de la Pucelle.

Dans cette déférence à l'égard de leurs alliés, les Anglais auraient voulu qu'on vît la preuve de leur respect pour les nationalités; mais on comprit qu'ils agissaient de la sorte par impuissance de faire autrement, et que leur roi Henri, mineur de quatre ans, n'était quelque chose en France que par le bon plaisir du duc de Bourgogne.

Ainsi restreinte, l'occupation étrangère fut longtemps sans rien changer à l'état du pays. Les partis ennemis continuèrent à passer entre les villes pour enlever tout ce qui s'aventurait hors de la portée de leurs sentinelles. Les campagnes désertes ne se repeuplèrent point. De là un mécontentement général contre les Anglais qui se montraient si peu habiles à rétablir l'ordre au nom duquel ils s'étaient fait accepter.

Quatre ans après la translation de la couronne de France aux Lancastre, il se trama en Picardie un vaste complot des seigneurs pour revenir à Charles VII [1]. Pour surcroît d'embarras, le duc de Glocester qui gouvernait l'Angleterre, sourd aux remontrances du duc de Bedford, régent de France, se mit à disputer au duc de Bourgogne la possession du Hainaut [2], tandis qu'à l'autre bout du royaume, les Bretons, jusqu'alors favorables à la nouvelle dynastie, forçaient leur duc à se tourner contre elle [3].

Les Anglais en étaient là lorsqu'ils gagnèrent la bataille de Verneuil. On leur eût prédit ce

[1] Mémoires de Pierre de Fenin ; Monstrelet, liv. II, c. XVIII.

[2] Monstrelet, liv. II, c. XIII.

[3] Chronique de la Pucelle dans Godefroy, *Hist. de Charles VII*, p. 485.

qu'ils y devaient trouver d'avantage, que sans doute ils auraient refusé de le croire, tant l'effet l'emporta sur l'événement. Non-seulement les menaces du moment furent dissipées, mais, comme si tous les défenseurs de la France étaient descendus au tombeau, la guerre cessa de son côté. Le duc de Bedford put concentrer ses troupes dans l'intérieur et les occuper à la destruction des partisans. Au bout de dix-huit mois il redevint possible de voyager, de transporter les marchandises, d'ensemencer les champs. Il se forma une sorte de confiance et sinon de l'affection, du moins de la tolérance envers le gouvernement qui la procurait.

Voyons ce qui se passa cependant du côté des Français.

La bataille de Verneuil fut perdue moins par eux que par les Écossais, leurs auxiliaires; dix mille hommes de cette nation y furent tués ou mis en déroute. Thomas Basin, qui a parlé de ces temps-là d'après ses conversations avec Dunois, représente le désastre des Écossais comme une chose heureuse pour le royaume, tant leur alliance était incommode[1]. Mais Charles VII avait

[1] *Historia Caroli VII*, lib. II, c. IV.

placé dans ces dix mille hommes l'espoir de sa restauration. Les voir anéantis ruina tous ses calculs, et comme il n'était pas homme d'une prompte résolution, au lieu d'aviser sur-le-champ à de nouveaux moyens, il s'endormit dans l'expectative, défendant à ses capitaines de tenter désormais la fortune, de peur de perdre le peu qui lui restait : tactique malheureuse s'il en fut, parce que la cause de ce roi déconcerté et dépossédé, loin de manquer de défenseurs, en avait trop.

Des milliers d'hommes, ruinés par les révolutions et par les guerres, s'étaient faits soldats pour vivre. Ils formaient des corps francs très-braves, très-décidés à ne pas reconnaître la domination étrangère. C'est à eux qu'on devait les heureuses diversions qui avaient si longtemps neutralisé les succès de l'Angleterre. Mais ils se pliaient difficilement aux opérations d'ensemble; et lorsqu'ils ne trouvaient pas leur proie en pays ennemi, ils la prenaient sur les sujets du roi. De là une grande aversion de Charles VII pour ces auxiliaires, aversion qui fit plus que toute autre chose le malheur des commencements de son règne, parce qu'elle égara son esprit à la poursuite d'une œuvre impraticable. Combattre le schisme politique et l'invasion lui parut moins pressant que de réduire une force désordonnée qui le maîtrisait chez lui, et c'est pour cela qu'il recruta le plus qu'il put de troupes étrangères [1]; mais avec les armées de l'Europe il ne serait pas venu à bout des corps francs, tandis qu'avec les corps francs il lui était possible d'exterminer tous les fléaux déchaînés contre son royaume, y

[1] Voici quelques passages d'un édit où ce projet est clairement énoncé : « Pour les griéves complainctes que nous avons eues à ce présent conseil des oppressions et dommages que font les gens d'armes et de traict sur le peuple... Nous, par l'advis dudit conseil, avons commis noz amés et féaulx le mareschal de Lafayecte, le maistre des arbalestriers et l'admiral à quatre cents hommes d'armes,... pour chasser et faire vuider tous autres gens d'armes vivans sur le peuple; et tous autres capitaines, gens d'armes et de traict quelxconque avons cassez, exceptez les Escossais et Lombars... en vous mandant que lesditz gens d'armes vous ne accueilliés ,... ne leur donnés soustenement ne confort à plus séjourner, mais que chacun retourne à son hostel, et d'iceulx ne voulons plus estre servis ; et à la saison nouvelle on en trouvera d'autres. Donné à Selles le 30e jour de janvier. » *Ms. Doat à la Bibl. nat.*, t. IX, p. 279. Cette mesure coïncide avec la convocation des états généraux à Selles, dont parle dom Vaissète dans son *Histoire du Languedoc*, t. IV, p. 462. « Au commencement de l'année 1424, le roi tint les états à Selles en Berri... Il exposa aux députés qu'avec le secours des seigneurs et ceux de l'Écosse, il aurait incessamment dix mille combattants, et qu'il se mettrait sous les armes contre ses ennemis. »

compris l'insolence de ces corps eux-mêmes[1].

De ce que les troupes royales furent consignées dans les garnisons après la bataille de Verneuil, les partisans ne purent plus continuer à eux seuls la guerre de l'indépendance. Autant les Anglais en chassèrent des pays de leur obéissance, autant il en rentra sur le territoire soumis à Charles VII. Peu troublés des édits rendus contre eux, ils se fixèrent dans l'intérieur et y vécurent en se mettant au service des ambitions locales, des rivalités de famille et des intrigues de cour. L'état social redevint presque ce qu'il avait été au xe siècle. Pour me servir d'une belle expression d'Alain Chartier, la France fut « comme la mer où chacun a tant de seigneurie comme il a de force[2]. »

Les Anglais ayant profité de cette anarchie pour diriger une attaque générale sur la ligne de la Loire, Charles VII ne compta plus sur rien. Il crut voir dans ce qui se passait les signes évidents d'un décret de la Providence qui lui retirait l'empire : il attendit le jour où il aurait à déserter le territoire.

[1] C'est ce qu'il reconnut vingt ans plus tard, lorsqu'il créa avec l'élite des corps francs la première armée permanente.

[2] Dans la *Consolation des trois vertus*. Voyez ses OEuvres complètes publiées par Duchesne.

Mais si apparente que fût la dissolution, la suite des événements prouva qu'elle n'était pas imminente. Tout le monde ne désespérait pas: témoin les braves de la Meuse, témoin ceux d'Orléans, et tant de capitaines pour qui l'inaction où on les tenait était un supplice; et ainsi il existait dans les cœurs des sentiments isolés qu'il ne s'agissait que de confondre en un seul, de même qu'il y avait sur tous les points du territoire des forces morcelées que le mystère était de réunir pour en composer la force nationale.

Ce sont ces deux choses-là que Jeanne d'Arc vint accomplir en France.

III.

Des dispositions du gouvernement français à l'égard de Jeanne d'Arc.

Certains noms sont en quelque sorte inséparables de celui de Jeanne d'Arc : Dunois, La Hire, Xaintrailles; ce sont de glorieux noms, ceux des compagnons d'armes qui contribuèrent à ses exploits et ne les envièrent pas. Mais ces hommes furent sans pouvoir sur sa destinée, parce que ni les uns ni les autres n'avaient alors de part au gouvernement. J'en dirai autant du duc d'Alençon, moins favorisé par la tradition, quoiqu'il ait été par-dessus tous les autres honoré de l'amitié de Jeanne.

Les personnages qu'il importerait de mettre en relief dans son histoire, sont moins les braves qui l'ont suivie et servie dans les batailles, que les politiques qui se sont tenus entre elle et le roi pour la contredire, la gêner, la perdre. Comme essai d'un semblable travail, je placerai ici ce que je suis parvenu à démêler des dispositions de Charles VII et de celles de son entourage.

M. de l'Averdy, dans son célèbre mémoire, discute doctement la question de savoir si Charles VII fit tout ce qu'il devait faire pour tirer Jeanne prisonnière hors des mains des Anglais. Obligé de convenir qu'il n'y a vestige d'aucune démarche officielle, il s'en prend à des impossibilités tout à fait chimériques [1] : ce qui est plaider les circonstances atténuantes de l'ingratitude : car ce roi n'était-il pas tenu même à l'impossible envers celle qui avait fait pour lui l'incroyable?

Qu'on prenne la question de plus loin, qu'on se demande de quels sentiments Charles VII fut animé à l'égard de la Pucelle : j'étonnerai bien des personnes en disant que cela ne peut pas se

[1] Notices et extraits des manuscrits, t. III, p. 156.

voir distinctement par les cinq volumes de textes que j'ai publiés. Tandis que toutes les pièces nous montrent Jeanne ne respirant que pour son roi, l'aimant avec cette ardeur dont on n'aime que les choses de la religion, il ressort d'un témoignage unique que Charles VII, la voyant pleurer un jour, lui fit beaucoup de compliments et l'invita à se reposer, ne pouvant souffrir la peine qu'elle se donnait pour lui [1]. Mais comme cette scène eut lieu à la veille du voyage de Reims, dans un moment où Jeanne usait de toute sa vertu pour le lui faire entreprendre et où, au contraire, il cherchait mille prétextes pour s'y dérober [2], il s'ensuit qu'il ne pouvait pas causer de plus grand chagrin à la Pucelle que de lui parler comme il faisait. A part cet accès d'une commisération équivoque, nous n'avons, pour lire dans le cœur du roi,

[1] « Audivit ipse loquens multa bona verba de eadem Johanna ; « et hoc fuit in Sancto-Benedicto supra Ligerim : in quo loco rex « habuit pietatem de ea et de pœna quam portabat, et præcepit « sibi quod quiesceret. Et tunc ipsa Johanna dixit regi lacrimando « quod non dubitaret et quod obtineret totum regnum suum. » *Déposition de Simon Charles*, Procès, t. III, p. 116.

[2] « Fut la Pucelle moult marrie du long séjour que le roy avoit fait audit lieu de Gien, par aulcuns des gens de son hostel qui luy desconseilloient de entreprendre le chemin d'aller à Rains; et par despit se deslogea et ala logier aux champs. » *Perceval de Cagny*, Procès, t. IV, p. 17.

que les inductions auxquelles donne lieu sa conduite.

Charles VII fut du petit nombre des princes qui s'améliorèrent sur le trône. Il ne faudrait pas le peindre au commencement de son règne avec les vertus qu'il montra plus tard ; car, bien qu'il en possédât le germe, elles étaient offusquées en lui par des vices de nature et surtout d'éducation. Georges Chastellain, qui peut passer pour le plus grand observateur du xve siècle, prétend qu'il y avait dans son âme un fond d'envie[1] ; il est incontestable qu'il manqua toujours du don si précieux de la magnanimité. Cela joint à une grande défiance de lui-même et à la terreur des crimes commis en son nom, le rendit indolent, malgré son aptitude au travail ; inintelligent des situations, malgré la rectitude de son esprit ; ombrageux et dur, malgré la douceur de son caractère. Un de ses conseillers, se plaignant à lui, lui écrivait un jour : « Vous voulez toujours être caché en châteaux, méchantes places et manières de petites chambrettes, sans

[1] « Aucuns vices soustenoit, souverainement trois : c'estoit muableté, diffidence et, au plus dur et le plus, c'estoit envye pour la tierce. » Fragment publié dans la *Bibliothèque de l'école des Chartes*, première série, t. IV, p. 75.

vous montrer et ouïr les plaintes de votre pauvre peuple [1].» Évidemment il dérobait son cœur aux impressions, comme sa personne aux regards. Jamais, tant que la Pucelle vécut, il ne fut complétement subjugué par elle. Il garda toujours une oreille ouverte pour recueillir les mauvais bruits, les paroles défavorables. Il écouta, se tut, laissa faire.

Ce qu'on pourrait appeler le ministère de Charles VII en 1429, était un composé d'hommes de second ordre, très-puissants auprès de lui, non pas qu'il fût leur dupe, mais parce qu'il trouvait leur politique conforme à ses vues, bien que fondée sur des petitesses d'intérêt qu'il connaissait à fond. Au dire des chroniqueurs les mieux informés, ils étaient quatre par qui tout se gouvernait : Georges de La Trémouille, Regnauld de Chartres, Robert Lemaçon et Raoul de Gaucourt.

Georges de La Trémouille était un aussi mauvais homme que Louis de La Trémouille, son petit-fils, fut un héros accompli. Avide, cabaleur, despote, faux, il eut l'art de se faire un nom

[1] Épître de Jean Jouvenel des Ursins à Charles VII, ms. Saint-Germain français, n° 352, fol. 74, à la Bibliothèque nationale.

et une fortune en louvoyant entre tous les partis. Odieux au duc de Bourgogne, qui était le bienfaiteur de sa maison, il se fit le valet du cadet de Bretagne pour gagner par lui l'intimité de Charles VII, et le supplanter ensuite. D'ailleurs il conserva toujours des relations suspectes avec son frère et ses autres parents, tous fonctionnaires dans le palais ou dans les armées de Philippe le Bon. Lorsque les Anglais soumirent l'Orléanais en 1428, on vit en France de fort mauvais œil qu'ils épargnassent Sully, seigneurie de Georges de La Trémouille [1].

Pourvu de plusieurs grands offices, dont il paraît avoir dédaigné le titre (car il ne se donne dans les actes que pour un simple conseiller chambellan), ce détestable personnage concentra dans ses mains la direction de toutes les affaires. Il eut deux raisons de plaire au roi : l'une, pour ne pas souffrir que les princes du sang approchassent du gouvernement ; l'autre, pour vouloir que la puissance anglaise fût combattue par l'intervention étrangère. Au fond, il n'avait que le désir de perpétuer un état de choses où il trouvait son profit. Indépendamment de son autorité en cour,

[1] Chronique de la Pucelle, dans Godefroy, p. 500 ; Chronique de Berry, *ibidem*, p. 376.

le Poitou était comme une propriété à lui, par le moyen des partisans qu'il y entretenait à sa solde[1].

S'il fut contrarié de la venue de Jeanne d'Arc, cela ne peut pas faire l'objet d'un doute. L'annaliste aragonais Zurita nous apprend qu'au mois d'avril 1429, c'est-à-dire un mois après la présentation de Jeanne, La Trémouille envoya demander au roi d'Aragon le secours d'une armée[2]. Comme celui-ci exigeait en retour l'union à sa couronne des pays qui forment aujourd'hui les départements de l'Aude, de l'Hérault et du Gard; que d'ailleurs il avait à faire une expédition en Sicile avant de passer les Pyrénées, le ministre de Charles VII subit la Pucelle; mais ce fut pour travailler à ruiner son influence : ouvrage qu'il dirigea avec une infernale perfidie, et en faisant tomber le plus qu'il put sur ses collègues l'odieux de l'exécution.

Celui qui s'y compromit le plus fut Regnauld de Chartres, prélat de cour, très-habile dans les négociations, mais aussi fort entiché de son importance, et qui, dès le commencement, s'était mis en tête qu'il résoudrait par la diplomatie la

[1] Mémoires d'Artus de Richemont, dans Godefroy, p. 754.

[2] *Anales de la corona de Aragon*, lib. XIII, c. XLIX.

situation si grave du royaume. Ainsi que la plupart des hommes de conseil, il était faible lorsqu'il fallait payer de sa personne. Toutes les fois qu'il se trouva en présence de Jeanne, il fondit devant elle; mais, elle absente, il n'en revenait que plus opiniâtrément à son propos. Il était à Beauvais lorsqu'elle fut faite prisonnière. Ce malheur public fut un triomphe pour sa vanité. Il eut le courage de l'annoncer aux habitants de Reims comme une marque de la justice divine qui avait voulu châtier une orgueilleuse. Je reviendrai sur cette lettre abominable.

Robert Lemaçon, beaucoup moins condamnable, ne peut être blâmé que d'un excès d'aveuglement. C'était un homme laborieux, retranché dans la pratique des affaires qu'il entendait à merveille, exempt de mauvaise passion, et de ceux qui passent leur vie au milieu des intrigues sans jamais les soupçonner. Le danger de tels hommes est que leur opinion, très-considérable dans les matières de leur connaissance, est réputée d'égale valeur dans les autres où ils ne sont que l'écho d'autrui. Quoique bienveillant pour la Pucelle[1], Robert Lemaçon ne sut rien faire pour la sauver,

[1] Cela se voit par le récit du conseil tenu devant Troyes, que fait Jean Chartier. Voy. t. IV, p. 74 de l'édition des Procès.

tant il était à la discipline de M. de La Trémouille.

Quant à Raoul de Gaucourt, il faut voir en lui un vieux soldat peu favorable à la gloire des nouveaux venus. Ayant servi sous Clisson et Sancerre, ayant combattu les Turcs à Nicopolis et fait toutes les guerres civiles de France, il n'était pas disposé à admettre qu'une fille des champs lui en remontrât. Un grand danger où le mit son opposition à Jeanne, dut l'aigrir encore davantage; car en voulant empêcher une sortie commandée par elle à Orléans, il faillit se faire massacrer par le peuple [1]. Plutôt que de souffrir de tels échecs d'amour-propre, il aima mieux, lui qui était l'inquiétude même, se faire l'apôtre de la paix. Après le sacre, il alla de la part du roi porter des propositions humiliantes au duc de Bourgogne que Jeanne voulait combattre [2]. Il s'amenda lorsqu'il n'était plus temps, se mit à la tête de la coalition qui renversa La Trémouille, et seul survivant des ministres qui avaient consommé l'abandon de la Pucelle, vint faire son éloge en 1456, lors du procès de réhabilitation [3].

[1] Procès, t. III, p. 117.

[2] Monstrelet, l. II, ch. LXVII.

[3] Procès, t. III, p. 18.

IV.

Preuves de l'opposition faite aux desseins de la Pucelle.

On sait par le chapitre qui précède, que la Pucelle n'a pas eu à résister seulement aux Anglais et aux Bourguignons. J'ai nommé ses principaux adversaires dans le parti français ; je vais dresser le tableau de leurs hostilités.

Il ne serait pas juste de considérer comme des menées ennemies les longues hésitations qui précédèrent la mise à l'œuvre de Jeanne d'Arc. La prudence exigeait qu'on y regardât à deux fois avant d'employer un moyen si extraordinaire. L'opposition des capitaines à tous les mouvements militaires par lesquels Orléans fut délivré, peut passer encore pour l'effet d'une juste défiance. Mais lorsque la preuve est faite par cette suite brillante d'opérations qui dissipent en quatre jours le prestige de la puissance anglaise, on conteste encore; bien plus, on conteste après une seconde victoire, après une troisième ; et il semble que chaque exploit consommé par la Pucelle ne fasse qu'augmenter le doute au sujet du suivant qu'elle annonce. C'est là qu'il devient impossible de ne pas reconnaître l'ouvrage de la mauvaise volonté.

Orléans sauvé, elle voulait qu'on prît aussitôt le chemin de Reims. Les tacticiens, après lui avoir laissé dissoudre son armée, prouvent qu'il faut au moins six semaines pour en réorganiser une autre[1].

Avec le petit nombre de compagnies qui lui restaient, elle demande à employer ce long délai contre les garnisons anglaises des environs d'Orléans. Des lenteurs de toute sorte font qu'elle est forcée d'ajourner cette opération à un mois, juste le temps qu'il faut aux ennemis pour envoyer une armée auxiliaire sur la Loire[2].

Malgré l'armée auxiliaire, et à son grand dommage, la conquête de l'Orléanais est accomplie en huit jours. Jeanne, plus digne de confiance que jamais, arrive au rendez-vous assigné pour le voyage de Reims. Elle y trouve le roi qui ne veut plus partir. Il faut qu'elle l'y contraigne en ouvrant la marche de son autorité[3].

On arrive devant Auxerre. Elle veut qu'on donne l'assaut, et que le duc de Bourgogne soit châtié par la prise de cette ville qui était de son domaine. La Trémouille fait conclure qu'on pas-

[1] Chronique dite de la Pucelle, *Procès*, t. IV, p. 234; Perceval de Cagny, *ibid.*, p. 11.

[2] Wawrin du Forestel, *Procès*, t. IV, p. 413.

[3] Chronique dite de la Pucelle, *Procès*, t. IV, p. 245; Cagny, *ibid.*, p. 18.

sera outre et que les habitants en seront quittes pour fournir des vivres [1].

Devant Troyes on parle de battre en retraite, se prévalant de ce qu'on ne peut pas s'appuyer sur Auxerre ni sur aucune autre place jusqu'à la Loire. Regnauld de Chartres met la retraite en délibération à l'insu de Jeanne; mais par un scrupule de Robert Lemaçon, on la consulte au dernier moment. Elle rend cœur aux timides et confond les malveillants en jurant que la ville sera prise avant huit jours : le peuple la rend le lendemain [2].

A Reims, elle annonce la soumission prochaine de Paris, et presse pour qu'on s'y dirige au plus vite. On part, comme pour se rendre à ses instances [3]. On va jusqu'à Soissons sans autre peine que de recevoir les clefs des villes ; mais de Soissons, au lieu de continuer la route, on se détourne sur Château-Thierry pour gagner de là Provins, puis Bray-sur-Seine [4].

[1] Jean Chartier, *Procès*, t. IV, p. 72 ; Chronique de la Pucelle, *ibid.*, p. 250.

[2] Jean Chartier, l. c., t. IV, p. 74 ; Journal du siége d'Orléans, *ibid.*, p. 74.

[3] Cagny, t. IV, p. 20 ; Lettre particulière écrite de Reims, t. V, p. 130.

[4] Jean Chartier, t. IV, p. 79.

L'armée, qui voit avec le plus grand mécontentement qu'on la reconduit vers les cantonnements de la Loire, attaque mollement le pont de Bray, et se fait repousser par une poignée d'hommes qui le défendent. Elle exige qu'on rétrograde sur Paris. Le gouvernement, contraint de céder, bâcle avec le duc de Bourgogne une trêve de quinze jours, au terme de laquelle celui-ci s'engage, dit-on, à livrer Paris. La Pucelle, indignée de cette lâche politique, s'en plaignit en ces termes dans une lettre aux habitants de Reims : « Je ne suis pas contente de cette trêve, je ne sais si je l'observerai ; mais si je la tiens, ce sera seulement pour garder l'honneur du roi [1]. »

La trêve expirée, le roi se trouvait à Compiègne. Là, il apprend qu'il est joué et que Paris ne lui sera point rendu. Jeanne le presse de nouveau d'y marcher l'épée à la main ; mais, au lieu de l'écouter, il envoie Regnauld de Chartres et Gaucourt à Arras pour négocier un nouvel accommodement [2] avec ce même duc de Bourgogne qui lui manquait si impudemment de parole.

Après huit jours d'attente et de supplications inutiles, Jeanne part sans le roi et entraîne une

[1] Procès, t. V, p. 140.
[2] Monstrelet, liv. II, ch. LXVII.

partie de l'armée à Saint-Denis. Bedford a abandonné la capitale, désespérant de la garder plus longtemps; il ne songe plus qu'à rassembler les forces de l'Angleterre pour se maintenir en Normandie. Dans la conviction de la Pucelle, la présence de Charles VII entraînerait la ville agitée et incertaine. Il refuse d'abord de venir, puis promet et ne vient pas; puis se fait amener comme de force par le duc d'Alençon; mais quinze jours se sont écoulés à ce manége et les Parisiens ont pris leurs mesures pour se défendre [1].

A l'assaut de Paris, la Pucelle, abattue d'un trait, criait aux gens d'armes de persévérer quelques minutes de plus, que la ville allait se rendre. Gaucourt lui ferme la bouche en la faisant mettre sur un cheval et emmener au camp. Il commande ensuite la retraite [2].

Peu grièvement blessée, elle était la première levée au camp le lendemain, et courant de côté et d'autre, elle appelait les capitaines à un nouvel assaut. L'arrivée simultanée d'un fort parti de Parisiens qui venaient faire leur soumission, le sire de Montmorency à leur tête, semblait garantir la victoire pour ce jour-là; mais un ex-

[1] Perceval de Cagny, t. IV, p. 24, 25 et 26.

[2] Id., *ibid.*, p. 27.

près vint de la part du roi arrêter les préparatifs et intimer à la Pucelle l'ordre de se rendre incontinent auprès de lui. Telle était sa résolution d'en finir avec les projets belliqueux de cette fille, qu'ayant appris qu'elle voulait profiter d'un pont établi près de Saint-Denis pour tenter une attaque par la rive gauche de la Seine, il fit rompre ce pont [1]. Enfin il la contraignit à le suivre au delà de la Loire, malgré tout ce qu'elle put lui dire de ses apparitions qui l'assiégeaient pour lui enjoindre de rester à Saint-Denis [2].

Ainsi fut consommé le premier revers de la Pucelle, non par sa faute, ni par l'abandon de la fortune ou l'affaiblissement de son inspiration, mais par les manœuvres de ceux-là même au profit de qui elle avait accompli tant de miracles. L'art consista ensuite à l'empêcher de se relever de sa chute. On éloigna d'elle le duc d'Alençon, avec qui elle parlait d'envahir la Normandie [3];

[1] Perceval de Cagny, t. IV, p. 28.

[2] « Johanna confessa fuit quod vox dixit ei quod maneret apud « villam Sancti Dionysii in Francia, ipsaque ibi manere volebat; « sed contra ipsius voluntatem domini eduxerunt eam. » *Procès*, t. I, p. 57.

[3] Cagny, *Procès*, t. IV, p. 30; Chronique de Berri, *ibid.*, p. 48. La Pucelle elle-même fait allusion à cela dans son interrogatoire du 3 mars. *Procès*, t. I, p. 109.

on la retint à la cour, persécutée de prévenances et d'honneurs; puis comme sa persistance à prêcher la guerre ne put être vaincue, par une déférence hypocrite on lui permit de faire sur la Loire supérieure une expédition stérile, où l'on eut la joie de la voir échouer une seconde fois.

Je n'ai pas le courage de sonder les douleurs de cette pauvre âme pendant les huit mois qui suivirent le retour de Paris. Un chroniqueur que j'ai mis en lumière, donne à penser combien elles furent cuisantes en nous apprenant que Jeanne s'évada de la cour. « La Pucelle qui avoit vu et entendu tout le fait et manière que le roi et son conseil tenoient pour le recouvrement de son royaume, elle, très-mal contente de ce, trouva manière de soi départir d'avec eux; et sans le su du roi ni prendre congé de lui, elle fit semblant d'aller en aucun ébat, et sans retourner s'en alla à la ville de Lagni-sur-Marne »[1]. Il ne faut pas se laisser tromper au ton si dégagé du vieil auteur, ni prendre pour un coup de tête ce qui fut le dénoûment tragique d'une cruelle péripétie. Jeanne, sans le roi perdait beaucoup d'elle-même; car le roi était la ra-

[1] Perceval de Cagny, *Procès*, t. IV, p. 32.

cine de son cœur, en même temps que l'expression vivante de son idée. Pour s'être décidée à une séparation d'éclat, il faut que la voix intérieure qui parlait en elle, ait dompté l'un après l'autre tous ses sentiments.

Il sera parlé plus loin de la catastrophe par laquelle se termina sa carrière.

V.

Si Jeanne a accompli sa mission.

Une ancienne chronique sans nom d'auteur, que l'on a appelée comme par excellence « la Chronique de la Pucelle » rapporte que dans le voyage de Château-Thierry à Compiègne, lorsqu'on fut près de Crépy en Valois, le bâtard d'Orléans qui chevauchait à côté de Jeanne et causait avec elle, vint à lui demander si elle savait quand elle mourrait. Elle répondit que non, et qu'elle s'en remettait à la volonté de Dieu, ajoutant en propres termes : « J'ai accompli ce que Messire me avait commandé, qui était lever le siége d'Orléans et faire sacrer le roi. Je voudrais qu'il lui plût me faire remener à mon père et à ma mère, afin que je gardasse mes brebis et mon bétail, et fisse ce que je soulais faire. »

Le Journal du siége d'Orléans, copiant la chronique ou bien copié par elle, rapporte la même conversation dans les même termes.

C'est là le seul témoignage sur lequel ait jamais pu se former cette opinion si accréditée, que, Charles VII une fois sacré, Jeanne, qui avait fini sa tâche, ne resta sous les armes que pour complaire au roi. Pour en être venu là, il faut d'abord avoir commis un contre-sens sur la phrase *je voudrais qu'il lui plût*, en rapportant au roi le pronom qui se rapporte à Dieu, car dans la chronique, la Pucelle exprime seulement qu'elle avait achevé sa mission, et que pourtant *Messire* (c'est-à-dire Dieu) ne lui permettait pas encore de retourner à son village.

Mais la chronique elle-même, qui n'est qu'une compilation très-postérieure aux événements [1], avait déjà altéré la version primitive, à savoir, les paroles du bâtard d'Orléans consignées au procès de réhabilitation. Là en effet vous ne trouvez pas cette contradiction inexplicable de la mission achevée et du devoir de rester sous les armes. Le bâtard demande à la Pucelle en quel lieu elle pense mourir, et elle répond : « où il plaira

[1] Cela est démontré au tome IV, p. 203 de l'édition des Procès.

à Dieu; car du temps et du lieu je n'en suis pas plus assurée que vous. Je voudrais qu'il plût à Dieu, mon créateur, de me laisser partir à cette heure et délaisser les armes pour aller servir mon père et ma mère et garder leurs brebis avec ma sœur et mes frères qui seraient si joyeux de me voir [1]. » Rien dans tout cela qui implique que Jeanne ait regardé sa tâche comme accomplie, et par conséquent les paroles que le chroniqueur lui prête à ce sujet ne sont qu'une interpolation.

Je ne m'arrête pas à réfuter Villaret qui, adoptant le récit de la chronique après l'avoir aggravé du contre-sens précédemment signalé, transpose la scène de Crépy à Reims, et établit directement entre la Pucelle et Charles VII un dialogue où celle-ci demande son congé et où le roi le lui refuse [2].

Il me reste à articuler l'un des faits les plus faciles à établir de la vie de Jeanne, et l'un des moins apparents, il faut croire, puisqu'on a pu ne pas l'apercevoir jusqu'ici. Ce fait, c'est qu'elle n'accomplit qu'à moitié la mission dont elle se croyait investie d'en haut.

Pour le prouver d'une manière indirecte, on

[1] Déposition de Dunois, *Procès*, t. III, p. 14.

[2] Histoire de France, t. XIV.

aurait la conversation de Crépy rapportée par Dunois, ainsi que cette volonté toujours contre-carrée de pousser à la guerre, que j'ai assez mise en relief. Voici une preuve que je préfère, parce qu'elle est plus positive et d'une date passé laquelle il est impossible de supposer de la part de Jeanne un retour d'opinion. Le 2 mai 1431, vingt-huit jours avant sa mort, admonestée sur ce qu'elle s'obstinait à garder l'habit d'homme, elle répondit : « Quand j'aurai fait ce pour quoi je suis envoyée de par Dieu, je prendrai habit de femme [1]. »

Quelle est donc cette chose qu'elle n'avait pas encore faite si près de mourir, quoiqu'elle se sentît prédestinée à la faire?

Le duc d'Alençon qu'on a le droit de regarder comme son plus intime confident, dépose lui avoir ouï dire plusieurs fois qu'elle avait charge de quatre choses, savoir : délivrer Orléans, faire sacrer le roi à Reims, chasser les Anglais, tirer le duc d'Orléans hors de leurs mains [2].

[1] Procès, t. I, p. 394.

[2] « Dicebat se habere quatuor onera, videlicet : fugare An-« glicos ; de faciendo regem coronari Remis ; de liberando ducem « Aurelianum a manibus Anglicorum, et de levando obsidionem « positam per Anglicos ante villam Aurelianensem. » *Procès*, t. III, p. 99.

La même netteté ne règne pas, il est vrai, dans les autres dépositions. La plupart réduisent la mission de Jeanne à la délivrance d'Orléans et au sacre [1]. Un théologien énonce bien quatre points, comme le duc [2]; mais pour lui, c'étaient des prédictions qu'il a toutes vues s'effectuer, puisqu'il dépose en 1456, et qu'alors les Anglais avaient été expulsés du royaume et le duc d'Orléans délivré. Tous ces témoins, à mes yeux, ne contre-balancent pas le duc d'Alençon, car dans le dernier je vois un raisonneur qui interprète ses souvenirs, dans les autres des serviteurs de Charles VII qui s'efforcent d'obscurcir un fait embarrassant pour leur maître. Une preuve que le duc d'Alençon a dit vrai, c'est qu'il s'est rencontré avec le promoteur du procès de Rouen. Le réquisitoire contre la Pucelle énonce en effet les quatre

[1] Dunois, *Procès*, t. III, p. 4; Garivel, *ibid.*, p. 20; Gobert Thibaud, *ibid.*, p. 74; Simon Charles, *ibid.*, p. 115.

[2] « Dixit loquenti et aliis (Pictavis) adstantibus, quatuor quæ « adhuc erant ventura, et quæ postmodum evenerunt. Primo, dixit « quod Anglici essent destructi; et quod obsidio ante villam Aure- « lianensem existens, levaretur;... secundo quod rex consecraretur « Remis; tertio quod villa Parisiensis redderetur in obedientia « regis; et quod dux Aurelianensis rediret ab Anglia. Quæ omnia « ipse loquens vidit compleri. » *Déposition de F. Séguin*, Procès, t. III, p. 205.

points[1]. Elle convint de trois, disant que ses voix l'avaient assurée qu'elle ferait lever le siége d'Orléans, qu'elle mènerait le roi à Reims, qu'elle délivrerait le duc d'Orléans prisonnier. Quant à cette délivrance, elle alla jusqu'à confesser ses moyens d'exécution. Elle aurait fait, dit-elle, assez de prisonniers pour obtenir l'échange, et si l'échange avait été refusé, elle serait allée chercher le prince en Angleterre[2]. Elle n'avoua pas avec le même abandon qu'elle avait charge d'expulser totalement les Anglais. Lorsqu'on la pressa là-dessus à la lecture du réquisitoire, elle répondit qu'elle était venue de par Dieu annoncer au roi

[1] « Dicta Johanna dicens... sibi ex parte Dei revelatum fuisse « quod levaret obsidionem Aurelianensem, et quod faceret coro- « nari Karolum, quem dicit regem suum, et expelleret omnes « adversarios suos a regno Franciæ. » *Art.* x *du réquisitoire*, Procès, t. I, p. 216. « Quum dicta Johanna devenit ad præsentiam « dicti Karoli,... inter alia, tria sibi promisit : primum quod « levaret obsidionem Aurelianensem ; secundum quod faceret eum « coronari Remis, et tertium quod vindicaret eum de suis adver- « sariis, eosque omnes sua arte aut interficeret, aut expelleret de « hoc regno, tam Anglicos quam Burgundos. Et de istis promissis « pluries et in pluribus locis publice dicta Johanna se jactavit. » *Art.* XVII, *ibid.*, p. 232. Le fait relatif au duc d'Orléans est confondu dans l'art. XXXIII, avec les autres qu'on impute à Jeanne comme preuve de sa témérité à prédire l'avenir.

[2] Deuxième interrogatoire du 12 mars 1431, t. I, p. 133 et 134.

que Notre-Seigneur lui rendrait son royaume de France, le ferait couronner à Reims et réduirait jusqu'au dernier tous ses ennemis [1]. Mais c'est là une réponse vague, d'où l'on peut inférer seulement qu'elle ne voulait ni nier, ni convenir que tout cela dût se faire par son entremise, et si les juges n'insistèrent pas davantage, c'est qu'ils avaient la preuve écrite que la Pucelle s'était annoncée comme l'exterminatrice des Anglais. Dans sa lettre envoyée aux chefs de l'armée devant Orléans et rapportée par l'accusation, on lit en effet : « Je suis ici envoyée de par Dieu, le roi du ciel, pour vous bouter hors de *toute* France [2]. »

S'il était besoin de confirmation à un aveu si formel, nous la trouverions dans la correspondance et dans la littérature du temps.

Le 21 juin 1429, au moment où le roi part pour Reims, Perceval de Boulainvilliers, sénéchal du Berri, écrit au duc de Milan, au sujet de Jeanne d'Arc : *Dicit Anglicos nullum habere jus in Francia, et dicit se missam a Deo ut illos inde expellat* [3].

Après le sacre, Alain Chartier, secrétaire in-

[1] Procès, t. I, p. 232.

[2] *Ibid.*, t. I, p. 241 ; t. V, p. 97.

[3] Procès, t. V, p. 120.

time de Charles VII, informe un prince étranger des exploits de la Pucelle, et faisant parler la voix qui l'inspire, lui prête ces mots : *Regem consecrandum Remis adducas ; coronato Parisius reddas regumque restituas* [1].

Enfin, dans une pièce de vers, datée du 31 juillet 1429, Christine de Pisan regarde la destruction totale de l'*Englescherie* comme le moindre objet de la mission de Jeanne. Elle annonce après le recouvrement de la France celui de la Terre Sainte ; et cela non pas par une fiction poétique, mais sur l'autorité d'une prophétie qui est dans toutes les bouches, et d'où il résulte que la Pucelle ne mourra qu'après avoir assuré le triomphe universel de la foi [2].

Ainsi donc Jeanne, d'après ce qu'elle avait hautement publié, aurait dû expulser les Anglais jusqu'au dernier, aussi bien que procurer la délivrance du duc d'Orléans ; et comme elle ne fit ni l'un ni l'autre, sa mission fut manquée.

Je me sers à dessein de cette brutale expression comme faisant mieux concevoir que toute autre un sentiment qui dut se répandre à partir de la retraite de Paris et qui ruina le prodigieux

[1] Procès, t. V, p. 132.

[2] *Ibid.*, p. 16.

ascendant exercé par la Pucelle. Il n'y a qu'une révolution des esprits qui explique l'indifférence de la nation à son martyre, et il n'y a qu'un démenti attribué au caractère dont on l'avait crue revêtue qui explique la révolution des esprits. Comme les intrigues devant lesquelles elle échoua échappaient à la multitude, on la jugea incapable de tenir toutes ses promesses, et cela signifia pour les uns que le diable seul l'avait secondée au commencement, pour les autres que Dieu l'avait abandonnée à la fin.

VI.

Des visions de Jeanne et de sa constitution physique.

J'ai parlé tant de fois de mission et de révélation, qu'il convient de m'expliquer sur ces mots avant d'aller plus loin. Je m'en sers sans prétention aucune de leur faire signifier plus que l'état de conscience de Jeanne lorsqu'elle soutenait avec une fermeté si inébranlable, qu'elle était envoyée de Dieu, que Dieu lui dictait sa conduite par l'entremise des saints et des anges. Comme sur ce point la critique la plus sévère n'a pas de soupçon à élever contre sa bonne foi, la vérité historique veut qu'à côté de ses actions on enregistre le mobile sublime qu'elle leur attribuait.

Maintenant il est clair que les curieux voudront aller plus loin et raisonner sur une cause dont il ne leur suffira point d'admirer les effets. Théologiens, psychologues, physiologistes, je n'ai pas de solution à leur indiquer : qu'ils trouvent, s'ils le peuvent, chacun à leur point de vue, les éléments d'une appréciation qui défie tout contradicteur. La seule chose que je me sente capable de faire dans la direction où s'exercera une semblable recherche, c'est de présenter sous leur forme la plus précise les particularités de la vie de Jeanne qui semblent sortir du cercle des facultés humaines.

Le fait de *voix* qu'elle entendait, tient une si grande place dans son existence, qu'on peut dire qu'il en était devenu la loi. En dehors de la vie commune, elle ne disait ni ne faisait rien qui ne lui eût été conseillé par ces voix. Tantôt les invoquant, tantôt interpellée par elles, elle recevait leur direction plusieurs fois par jour, surtout aux heures où sonnaient les offices[1]. Sa percep-

[1] « Dixit Johanna quod non est dies quin audiat illam vocem, « et etiam bene indiget. » *Procès*, t. I, p. 57. « Interrogata qua « hora, hesterno die, ipsam vocem audiverat : respondit quod ter

tion était favorisée par les bruits mesurés et lointains, comme celui des cloches [1], celui du vent dans les arbres [2]; au contraire, un tumulte désordonné confondait les sons dans son ouïe, et lui faisait perdre beaucoup des paroles qui lui étaient adressées [3]. Dans ces discours dont le mys-

« in illo die ipsam audiverat, semel de mane, semel in vesperis et « tertia vice cum pulsaretur pro *Ave Maria* de sero. Et multoties « audit eam pluries quam dicat... Heri de mane cum illa vox venit « ad eam... ipsa dormiebat, et vox excitavit eam. » *Procès*, t. I, p. 61 et 62. « Sæpe veniunt sine vocando; et aliis vicibus, nisi « venirent, bene cito ipsa requireret a Deo quod eas mitteret. » *Ibid.*, p. 127. « Dixit etiam quod fuisset mortua, nisi fuisset « revelatio quæ confortat eam quotidie. » *Ibid.*, p. 88.

[1] « Dicebat dicta Johanna quod audiverat voces, maxime hora « completorii, quando campanæ pulsantur; et etiam de mane, « dum pulsantur campanæ. » *Dépositions de Pierre Morice et Jean Toutmouillé*, t. I, p. 480 et 481. De là son goût pour le son des cloches: « Habebat illum morem, in hora vesperorum seu crepus- « culi noctis, omnibus diebus, quod se retrahebat ad ecclesiam « et faciebat pulsari campanas quasi per dimidiam horam. » *Déposition de Dunois*, t. III, p. 149. « Johanna promiserat eidem testi « dare lanas ad finem ut diligentiam haberet pulsandi completo- « rias. » *Déposition du marguillier de Domremy*, t. II, p. 413. « Dum erat in campis et ipsa audiebat campanam pulsare, ipsa « flectebat genua. » *Déposition d'un laboureur de Domremy*, t. II, p. 420.

[2] « Dixit quod si esset in uno nemore, bene audiret voces « venientes ad eam. » *Interrogatoire de Jeanne*, 22 février 1431, t. I, p. 52.

[3] « Interrogata an... vocem audiverat in illa aula in qua inter-

tère, bien entendu, ne se décelait qu'à elle seule, elle distinguait des intonations diverses, à chacune desquelles elle attribuait son auteur. Elle nommait particulièrement saint Michel, sainte Catherine et sainte Marguerite. Saint Michel se fit entendre le premier, comme le précurseur et en quelque sorte l'introducteur des deux saintes[1]. On a vu que cette première audition eut lieu dans la quatorzième année de la Pucelle; c'était de plus le lendemain d'un jour où elle avait jeûné, en plein midi, et comme elle se trouvait dans le jardin de son père, ayant l'église du village à sa droite: la voix partit du côté de l'église. Ces circonstances sont tirées de sa confession [2]. Une lettre écrite au moment de sa plus grande renommée par un des premiers fonctionnaires du royaume, ajoute à cette scène un préliminaire dont rien n'empêche d'admettre l'authenticité. Jeanne jouait à courir dans la prairie avec plu-

« rogabatur... dixit quod ipsam ibi audiverat... *addendo:* Ego non « bene intelligebam; nec intelligebam aliquid quod possem vobis « recitare, quousque regressa fui ad cameram meam. » *Procès*, t. I, p. 71. « Aliquando eadem Johanna deficit in intelligendo « propter turbationem carcerum et per tumultus custodum suo- « rum. » *Ibid.*, p. 153.

[1] Procès, t. I, p. 72, 169 et 170.

[2] *Ibid.*, p. 52.

sieurs de ses compagnes; à chaque épreuve elle prenait tant d'avance sur les autres, que celles-ci frappées de surprise, la croyaient voir voler et le lui disaient. Enfin « ravie et comme hors de sens, » dit l'auteur de la lettre, elle s'arrêta pour reprendre haleine, et dans ce moment entendit une voix qui lui disait d'aller au logis, parce que sa mère avait besoin d'elle; mais ce n'était là qu'un subterfuge pour l'éloigner des autres enfants. Quand elle fut de retour à la maison et seule, la voix s'exprima à découvert en lui disant les desseins que Dieu avait formés sur elle [1]. Le singulier détour employé par la voix explique assez pourquoi Jeanne ne répéta point cela lors de son jugement. Elle se borna à dire que l'annonce de l'ange lui avait fait peur et qu'elle avait d'abord refusé d'y croire; mais les mêmes injonctions lui ayant été réitérées à plusieurs reprises, elle se soumit [2].

L'ouïe n'était pas le seul sens de Jeanne qui fût affecté dans ses relations avec le monde des esprits. Une vive lumière se manifestait à sa vue du

[1] Lettre du sénéchal de Berry au duc de Milan, *Procès*, t. V, p. 117.

[2] « Prima vice habuit magnum timorem, et depost idem sanc-« tus Michael in tantum docuit eam... quod credidit firmiter quod « ipse erat. » *Procès*, t. I, p. 171.

côté où parlaient les voix [1], et souvent dans cette lumière se dessinait pour elle la figure de ses interlocuteurs. Soit que cette seconde perception ait été moins parfaite que l'autre, soit qu'elle ait craint de s'en expliquer devant des juges malintentionnés, elle ne répondit guère que par des faux-fuyants aux questions qu'ils lui adressèrent à ce sujet, dans le but très-visible d'établir une parenté suspecte entre les personnages de ses apparitions et ceux des tableaux ou des statues placés dans les églises. Elle commença bien par dire que sainte Catherine et sainte Marguerite portaient des couronnes [2], ce qui favorisait le système de ses interrogateurs; mais sur le reste de la coiffure, sur l'habillement, on ne put rien tirer d'elle [3]. Sa réserve à l'égard de saint

[1] « Raro eam audit (vocem) sine claritate; quæ quidem cla-« ritas est ab eodem latere in quo vox auditur. » *Procès*, t. I, p. 52. « In nomine vocis venit claritas. » *Ibid.*, p. 64. « Res-« pondit quod non est dies quin veniant ad ipsum castrum, nec « veniunt sine lumine. » *Ibid.*, p. 153. « Raro habeo revelationes « quin ibi sit lumen. » *Ibid.*, p. 75.

[2] « Figuræ earum sunt coronatæ pulchris coronis multum opu-« lenter et multum pretiose. » *Procès*, t. I, p. 71.

[3] « Interrogata si sanctæ præfatæ sunt vestitæ eodem panno, « respondit: Ego non dicam vobis nunc aliud; et non habeo licen-« tiam de revelando. » T. I, p. 72. « Interrogata an... habent « capillos, respondit : Bonum est scire... Interrogata si capilli

Michel fut encore plus grande. Elle refusa toute réponse aux questions de savoir s'il tenait une balance, s'il avait des cheveux; et quand on lui demanda s'il était nu, après s'être récriée sur ce qu'on pouvait croire que Dieu n'eût pas de quoi le vêtir, elle déclara qu'il se montrait à elle sous l'apparence d'un honnête homme [1].

L'accusation lui imputait de s'être vantée qu'elle voyait l'ange Gabriel avec des millions d'autres anges [2]. Elle finit par en convenir dans

« earum erant longi et pendentes, respondit : Ego nihil scio. « Dicit etiam quod nescit an ibi aliquid erat de brachiis vel an « erant alia membra figurata. » T. I, p. 86.

[1] « Interrogata in qua figura erat sanctus Michael dum sibi « apparuit, respondit; quod non vidit sibi coronam et de vestibus « nihil scit. Interrogata an ipse habeat capillos, respondit : Cur « sibi fuissent abscisi? Interrogata utrum ipse habebat stateram, « respondit : Ego nihil scio. Interrogata an ipse erat nudus, « respondit : Cogitatis vos quod Deus non habeat unde ipsum « vestire? » T. I, p. 89. « Interrogata de magnitudine et statura « ejusdem angeli, respondit quod die sabbati extunc proximo « futura responderet, cum una alia re unde debet respondere, « illud scilicet quod de hoc placebit Deo. » *Ibid.*, p. 171. « Inter- « rogata in quibus forma, magnitudine, specie et habitu sanctus « Michael venit ad eam, respondit... in forma unius verissimi « probi hominis; et de habitu et aliis rebus, non dicet amplius « aliud. » *Ibid.*, p. 173.

[2] « Sæpe etiam dixit venisse ad eam sanctum Gabrielem archan- « gelum cum beato Michaele, ac etiam interdum mille millia an-

son dernier interrogatoire, expliquant que les objets de ses apparitions étaient le plus souvent de très-petite dimension et en quantité infinie [1], comme si elle eût voulu exprimer quelque chose d'analogue à ces atomes qui tourbillonnent devant des yeux obscurcis par le vertige.

Trop circonspecte ou ne trouvant pas les mots pour dire au juste ce qu'elle voyait, Jeanne retrouvait sa netteté lorsqu'il s'agissait de soutenir la réalité de sa perception. « Je les vois des yeux de mon corps, disait-elle à ses juges, aussi bien que je vous vois vous-mêmes [2]. » Ailleurs elle confesse qu'elle prenait à cette vue un plaisir in-

« gelorum... Ad hunc articulum... respondet... quantum ad hoc « quod promotor proponit de mille millibus angelorum, quod ipsa « non recordatur quod dixerit, videlicet de numero. » *Procès*, t. I, p. 283.

[1] « Confitebatur habuisse apparitiones quæ veniebant ad eam « quandoque cum magna multitudine et in minima quantitate « sive in minimis rebus, alias figuram aut speciem non decla- « rando. » *Déposition de Toutmouillé*, Procès, t. I, p. 481. « Et « non determinabat proprie... in qua specie veniebant, nisi, prout « melius recolit, veniebant in magna multitudine et quantitate « minima. » *Déposition de Martin Ladvenu*, ibid., p. 478.

[2] Procès, t. I, p. 73, et plus loin, p. 173 : « Dit qu'elle croit aussi fermement les diz et les faiz de saint Michiel qui s'est apparu à elle, comme elle croit que N. S. J. C. souffrit mort et passion pour nous. »

définissable, qu'elle était chagrine quand s'éloignaient les anges et qu'elle aurait voulu qu'ils l'emportassent avec eux [1]. Enfin, il n'est pas jusqu'aux sens du toucher et de l'odorat qui ne lui parussent atteints dans les moments où elle jouissait de cette céleste compagnie. Elle était convaincue d'avoir embrassé les saintes et d'avoir senti en les embrassant une odeur exquise [2]. Elle regardait presque constamment une bague passée à son doigt et dont elle pensait avoir sanctifié la matière par le contact de sainte Catherine [3].

La foi même la plus prononcée, chez ceux qui la possèdent, risque à tout moment de perdre de sa ferveur, soit par la révolte des sens ou de

[1] « Dicit quod habet magnum gaudium quando videt ipsum « (S. Michaelem). » T. I, p. 89. « Quando recedebant a me, plo« rabam et bene voluissem quod me secum deportassent. » *Ibid.*, p. 73.

[2] « Interroguée s'elle baisa ou accola onques sainctes Katherine et Marguerite, respond, elle les a accolées toutes deux, et sentoient bon. » T. I, p. 186.

[3] « Detulit in indice manus sinistræ anulum quem quasi con« tinue intueri solita fuit, sicut mihi retulit qui hæc vidit. » *Walter Bower*, Procès, t. IV, p. 480. « Interroguée pourquoy c'estoit qu'elle regardoit voulontiers cel anel quant elle aloit en fait de guerre, respond que... elle, ayant son anel en sa main et en son doy, a touché à saincte Katherine qui luy appareist. » *Procès*, t. I, p. 185.

l'esprit, soit par l'influence des choses extérieures. Mais ne semble-t-il pas que celle de Jeanne, ravivée incessamment par des manifestations si marquées, était à l'abri de tout accident? De ce que ses sens eux-mêmes étaient au service du conseil qui la dirigeait, elle aurait donc dû obéir à cette direction d'une manière constante et absolue. Cependant les faits contredisent cette conséquence où conduit le raisonnement. La vie intellectuelle de Jeanne présente ce phénomène que, sans avoir perdu un seul instant le sentiment ni le respect de sa mission, il lui fut possible de se soustraire au commandement si impérieux qui lui traçait la marche pour l'accomplir. C'est encore dans ses aveux que se trouve la preuve de cela.

Nous l'avons vue convenir qu'elle avait levé le siége de Paris malgré ses voix. Lorsqu'elle prononça cette parole si grave, elle s'empressa d'ajouter que jamais elle n'y eût consenti si elle n'avait point été blessée [1]. Mais pour nous qui savons que le lendemain même de sa blessure elle était en état d'agir [2], que signifie cette excuse,

[1] « Si tamen non fuisset læsa, non inde recessisset; » *Procès*, t. I, p. 57.

[2] Le procès lui-même dit : « In quinque diebus sanata exstitit. »

sinon le besoin qu'elle sentait d'en alléguer une? Si elle éprouva à ce moment une défaillance inaccoutumée, ce ne fut point pour le sang qu'elle avait perdu, mais parce qu'elle eut le pressentiment que son autorité (pour elle l'autorité de Dieu) allait échouer enfin contre l'obstacle plus puissant de la mauvaise volonté des hommes. Quelle qu'ait été sa résistance, et nous savons que cette résistance fut énergique, elle finit par se rendre; elle céda à la force dans une lutte où ni le public ni elle-même n'étaient d'avis que la force pût l'emporter.

Ainsi la voilà réduite à la désobéissance par la pression du dehors. Dans une autre circonstance, nous trouvons sa personnalité même aux prises avec ses voix, son libre arbitre surmontant l'efficacité de la grâce.

Elle était prisonnière depuis plusieurs mois; elle savait que les Anglais négociaient son extradition; elle savait aussi que la ville de Compiègne, toujours assiégée, commençait à perdre courage. Alors l'idée lui vint de se jeter en bas

Elle était donc guérie de son aveu au moment du départ qui n'eut lieu que le 13 septembre (Procès, t. IV, p. 29), tandis qu'elle avait été blessée le 8. Mais Perceval de Cagny la montre agissant dès le 9.

de la tour où elle était enfermée, espérant par là, ou procurer sa fuite à l'avantage de ceux de Compiègne, ou échapper par la mort aux Anglais [1].

[1] Si contraire qu'une telle pensée ait été aux idées religieuses du moyen âge, il est impossible de ne pas l'attribuer à la Pucelle quand on voit la manière dont elle répond aux questions des juges : « Dit, quant elle sceut les Anglois venir, elle fut moult courroucée, et toutesfois ses voix lui defendirent plusieurs fois qu'elle ne saillist ; et enfin, pour la doubte des Anglois, sailli, et se commanda à Dieu et à Notre-Dame... Interrogée s'elle dit point qu'elle aimast mieulx à mourir que d'estre en la main des Anglois ; respond qu'elle aimeroit mieux rendre l'âme à Dieu que d'estre en la main des Anglois. » *Interrogatoire du* 3 *mars*, t. I, p. 110. « Interrogée quelle fut la cause pour quoy elle saillit de la tour de Beaurevoir : respond qu'elle avoit ouï dire que ceulx de Compiègne devoient estre mis à feu et à sanc, et qu'elle aimoit mieulx mourir que vivre après une telle destruction de bonnes gens, et fut l'une des causes. L'autre qu'elle sceut qu'elle estoit vendue aux Anglois, et eust eu plus cher mourir que d'estre en la main des Anglois, ses adversaires... Interroguée se ce sault ce fut du conseil de ses voix, respond : Sainte Katherine lui disoit presque tous les jours qu'elle ne saillist point, et que Dieu lui aideroit, et mesme à ceulx de Compiègne,... et ladicte Jehanne respondoit : Vrayment,... j'aimasse mieulx mourir que d'estre mise en la main des Anglois... Interrogée, quant elle saillit, s'elle se cuidoit tuer, respond que non ; mais en saillant se recommanda à Dieu, et cuidoit par le moyen de ce sault eschapper qu'elle ne fust livrée aux Anglois. » *Interrogatoire du* 14 *mars*, ibid., p. 150, 151, 152.

La dernière réponse ne me paraît pas infirmer les précédentes, eu égard surtout à ce que Jeanne, un peu après, refuse de s'en rapporter à une enquête sur certaines paroles de désespoir qui lui

Les chances étaient plutôt pour la mort que pour le salut. Sainte Marguerite et sainte Catherine se firent entendre pour blâmer ce téméraire projet; mais la voix céleste fut impuissante contre la tentation : Jeanne se précipita. Elle ne se tua point, mais ne réussit pas non plus à se sauver. Sa désobéissance lui causa de vifs regrets lorsqu'elle y songea à tête reposée. Elle en demanda pardon à ses voix, et son pardon lui fut accordé.

Il n'est pas inutile de faire ressortir ici les circonstances physiques de cette chute, dont l'intention morale ne fut pas le seul phénomène.

La hauteur d'où se précipita la pauvre captive était considérable. L'acte d'accusation dit *a summitate unius turris altæ*[1]. Le texte français des interrogatoires, sans déterminer cette hauteur, la précise pourtant davantage en nous apprenant que la tour était le donjon du château de Beaurevoir[2], donjon d'où relevaient les seigneuries d'un vaste canton de la Picardie. Soixante à soixante-dix pieds sont la moindre élévation

avaient échappé au moment de sa chute. « Interroguée s'elle veut s'en rapporter à l'information faite ou à faire, respond : Je m'en rapporte à Dieu et non à aultre, et à bonne confession. »

[1] Procès, t. I, p. 266.

[2] « Et quant est du sault du donjon de Beaurevoir... elle ne s'en put tenir. » *Interrogatoire du 15 mars*, t. I, p. 169.

qu'on puisse supposer à un édifice de cette importance. Tout le monde crut la Pucelle morte après qu'elle eût accompli ce saut prodigieux[1]. Cependant elle en fut quitte pour un évanouissement suivi de plusieurs jours de malaise, pendant lesquels il lui fut impossible de rien prendre. Elle n'avait reçu ni fracture ni contusion grave[2].

Comme une certaine maladie qui fait l'étonnement de la médecine, offre des cas pareils de chutes énormes accomplies sans lésion organique, on se demandera si d'autres symptômes ne décèleraient pas la présence de cette maladie chez Jeanne d'Arc. A cela je ne puis rien répondre, sinon que les documents ne le laissent pas paraître. Bien que l'observation du physique en

[1] « Quant elle eut sailli... aucuns disoient que elle estoit morte. » *Procès*, t. I, p. 110.

[2] « Saillit et fut blécée; et quant elle eust sailli, la voix saincte Katherine lui dit qu'elle fist bonne chère, *quod faceret bonum vultum*, et qu'elle gariroit, » t. I, p. 110. L'interprétation de *fut blessée* se trouve à l'interrogatoire du 14 mars, p. 151, où il est dit : « Puis qu'elle fut cheue, elle fut deux ou trois jours qu'elle ne vouloit mangier; et mesmes aussi, pour ce sault, fut grevée tant qu'elle ne pouvoit ne boire ne mangier. Et toutesfois fut reconfortée de saincte Katherine qui luy dit qu'elle se confessast, etc., et adonc se print à revenir, et à commencer à mangier, et fut tantost guérie, *fuitque statim sanata.* » Ainsi la *blessure* dont elle voulait parler d'abord n'était que de la *grevance*.

vue d'expliquer le moral, n'ait point été le fait des gens du xve siècle, cependant ceux qui furent interrogés sur la Pucelle, et qui parlèrent par occasion de son tempérament, la représentent comme bien conformée et d'une santé robuste[1]. Il paraît résulter du témoignage de son maître d'hôtel, qu'elle n'était point sujette à l'infirmité des femmes. Toutefois, des critiques rigoureux auraient le droit de soutenir que le maître d'hôtel n'affirme pas; qu'il allègue le dire de personnes tierces; que, pour sa part, il déclare seulement qu'à sa connaissance, Jeanne ne trahit jamais rien de pareil[2] : ce qui peut revenir au témoignage donné par d'autres, qu'un art merveilleux et en même temps une force inouïe de pudeur lui permettaient de vivre au milieu des gens d'armes, comme si elle eût été exempte des nécessités hu-

[1] « Non obstant qu'elle fust jeune fille, belle et bien formée. » *Déposition de Jean d'Aulon*, Procès, t. III, p. 219. « Bien compassée de membres et forte, » *Chronique de la Pucelle*, ibid., t. IV, p. 205. « Erat brevi quidem statura rusticanaque facie et nigro « capillo; sed toto corpore prævalida. » *Témoignage du Lombard Guglielmo Guascho,* dans Philippe de Bergame, *ibid.*, p. 523.

[2] « Dit qu'il a oy dire à plusieurs femmes, qui ladicte Pucelle ont vue par plusieurs foiz nue et sçu de ses secretz, que oncques n'avoit eu la secrette maladie des femmes, et que jamais nul n'en put rien congnoistre ou apercevoir par ses habillemens ne autrement. » *Procès*, t. III, p. 219.

maines [1]. Nous savons encore que ses formes, sa voix, sa sensibilité étaient celles d'une jeune fille [2]. Il n'y a donc absolument que son aptitude à endurer les travaux et les privations, qui puisse faire dire, sans crainte de se tromper, qu'au physique, elle n'était point comme les autres femmes [3].

Voilà comme, en pressant les textes, la certitude se réduit à quelque chose de si léger, que je prévois de grands périls pour ceux qui voudront classer le fait de la Pucelle parmi les cas pathologiques. Mais que la science y trouve ou non son compte, il n'en faudra pas moins admettre

[1] « Dum erat in armis et eques, nunquam descendebat de equo « pro necessitatibus naturæ. » *Déposition de Simon Charles*, Procès, t. III, p. 118.

[2] « Aliquando videbat mammas ejus, quæ pulchræ erant. » *Déposition du duc d'Alençon*, t. III, p. 100. « Et dit en assez voix de femme : Vous, les prêtres, et gens d'église, etc. » *Gui de Laval*, t. V, p. 108. « Vocem mulieris ad instar habet gracilem... abun- « dantia lacrimarum manat. » *Perceval de Boulainvilliers*, t. V, p. 120. « Flebat multotiens cum magnis lacrimis. » *Le duc d'Alençon*, l. c.

[3] « Inaudibilis laboris et in armorum portatione et sustenta- « tione adeo fortis, ut per sex dies die noctuque indesinenter et « complete maneat armata. » *Perceval de Boulainvilliers*, t. V, p. 120. « Mirabantur omnes armati quomodo tantum poterat stare « super equum. » *Déposition de Simon Charles*, t. III, p. 118. « De sobrietate a nullo vivente superabatur. » *Déposition de Dunois*, t. III, p. 15.

les visions, et, comme je vais le faire voir, d'étranges perceptions d'esprit issues des visions.

VII.

Des facultés extraordinaires mises en jeu par les visions de Jeanne.

Les communications que Jeanne recevait de ses voix, étaient ou des encouragements et des conseils conformes aux mouvements intérieurs qui accompagnent l'exercice de la volonté, ou des révélations par lesquelles il lui arrivait, tantôt de connaître les plus secrètes pensées de certaines personnes, tantôt de percevoir des objets hors de la portée de ses sens, tantôt de discerner et d'annoncer l'avenir. On ne s'est jamais beaucoup arrêté aux faits du premier ordre; mais les autres sont de telle nature que, bien qu'ils aient été cent fois racontés, on voudra les entendre redire pour se convaincre qu'ils sont bien et dûment prouvés.

Dans mon opinion, les documents fournissent pour chacune des trois espèces de révélations qui viennent d'être énoncées, au moins un exemple assis sur des bases si solides, qu'on ne peut le rejeter sans rejeter le fondement même de l'histoire.

L'intuition de la pensée d'autrui se manifeste par le secret que Jeanne révéla à Charles VII : seul moyen qu'elle eut de forcer la créance de ce prince défiant.

Il est question de cela dès l'année 1429, dans une lettre écrite par le premier secrétaire du roi, Alain Chartier. Cet homme illustre rapporte qu'elle communiqua à son maître, lors de son arrivée, des choses que lui seul entendit et qui le rendirent tout joyeux, comme s'il avait été visité du Saint-Esprit[1]. C'est là le propos d'un homme qui avait vu faire la confidence, sans savoir en quoi elle consistait.

Dans ses interrogatoires, Jeanne convint d'une manière générale qu'elle avait eu des révélations concernant le roi[2]. Quant au cas particulier de sa première entrevue avec lui, elle confessa seulement qu'elle le reconnut entre les autres par le

[1] « Quid locuta sit, nemo est qui sciat illud ; tamen manifes-« tissimum est regem velut Spiritu, non mediocri fuisse alacritate « perfusum. » *Procès*, t. V, p. 133.

[2] « Habeo revelationes tangentes regem quas ego non dicam « vobis. » *Procès*, t. I, p. 63. « Dicit quod bene dixit regi suo totum « una vice quod sibi fuerat revelatum, quia ibat ad ipsum. » *Ibid.*, p. 73. « Item dixit... quod plures revelationes de ipso duce Aure-« lianensi habuerat quam de homine vivente, excepto illo quem « dicit regem suum. » *Ibid.*, p. 55.

conseil de sa voix [1]; qu'il crut en elle d'après un certain signe [2]; enfin que, lorsqu'elle lui donna ce signe, ce fut sans témoin, quoique dans le lieu où la scène se passait, il y eût beaucoup de monde [3]. Lui en faire dire davantage fut longtemps impossible, parce qu'elle avait déclaré dès le commencement et maintes fois répété, qu'on ne saurait rien de ce qui existait entre le roi et elle. Cependant, plus elle montrait de résistance, plus les juges insistaient pour tirer d'elle un aveu. Fourvoyés qu'ils étaient par un bruit public qui faisait consister le signe en l'évocation d'un ange, ils

[1] « Dicit quod quando intravit cameram sui regis, cognovit « eum inter alios per consilium suæ vocis hoc sibi revelantis. » *Procès*, t. I, p. 56. « Quum accessisset, sibi fuit dictum, quum « regem nunquam cognovisset, de alio quod erat rex; quæ dixit « quod non erat. » *Déposition de Jean Moreau*, ibid., t. III, p. 192.

[2] « Interrogata qualiter rex suus adhibuit fidem dictis ejus : « respondit quod ipse habebat bona intersignia. Interrogata quales « revelationes rex suus habuit, respondit : Vos non habebitis eas « adhuc a me de isto anno. Item dixit quod... habuit rex suus si- « gnum de factis suis, priusquam vellet ei credere. » *Procès*, t. I, p. 75.

[3] « Interrogata quale signum dedit regi suo quod ipsa veniebat « ex parte Dei, respondit : Ego semper vobis respondi quod non « mihi extrahetis illud ab ore... Interrogata utrum, quando osten- « dit signum regi suo, erat alius ab eo in ejus societate : respon- « dit quod æstimat alium ibi non fuisse, quamvis satis prope « essent multæ gentes. » *Procès*, t. I, p. 91.

revenaient à tout propos sur cet ange[1], et Jeanne refusait toujours de répondre. Elle se défendit de la sorte pendant dix interrogatoires; jusqu'à ce qu'enfin, se sentant prise dans l'expression même de ses refus, et perdant la force de se taire plus longtemps, quoiqu'elle eût encore celle de garder son secret, après avoir protesté contre l'obstination qu'on mettait à la rendre parjure[2], elle s'engagea dans la fiction de l'ange et la développa avec l'emportement d'une personne qui se précipite : offense manifeste à la vérité, dont elle ne voulut pas emporter le poids dans l'autre monde; car le matin de sa mort, elle s'en confessa publiquement[3]. Supprimons cela de ses aveux; il

[1] Surtout aux interrogatoires du 27 février (t. I, p. 75), du 1er mars (*ibid.*, p. 91), du 10 mars (*ibid.*, p. 119).

[2] Interrogatoire du 13 mars 1431 : « Interroguée du signe baillé à son roy, quel il fut, respond : Estes vous content que je me parjurasse ? » T. I, p. 139.

[3] « A dicta Johanna audivit dici et confiteri quod, licet in suis « confessionibus se jactasset angelum Dei apportasse coronam illi « quem dedit regem suum... verumtamen sponte, non coacta, « dixit et confessa fuit quod, quidquid dixisset et se jactasset de « dicto angelo, nullus tamen fuerat angelus qui dictam coronam « apportasset. » *Déposition de Martin Ladvenu*, t. I, p. 479, et trois autres témoins, *ibid.*, p. 480, 481, 484. « Ipsam inculpant « adversantes quoniam mentita est angelum portasse regi pretiosum « signum cum genuflexione. Responsio autem hæc est, quoniam

reste qu'elle distingua le roi dans la foule de ses courtisans, et qu'en présence de cette foule, elle lui donna à part un signe de reconnaissance. Or quel signe reconnaître à ces marques, sinon une confidence de nature à remplir le roi d'allégresse en lui inspirant tout d'un coup la foi? En cela le témoignage de la Pucelle se trouve donc d'accord avec celui de la lettre citée précédemment. Il ne reste plus à l'un et à l'autre qu'à recevoir des déclarations postérieures la précision qui leur manque encore.

Deux des témoins les plus considérables entendus au procès de réhabilitation, le chapelain et le maître d'hôtel de Jeanne d'Arc, ont déposé, comme le tenant du roi en personne, qu'elle lui avait dit des choses à lui si particulières, que Dieu seul pouvait l'en avoir instruite[1]. Pareil rapport fut fait, dans les mêmes termes, par le comte de Dunois à l'évêque de Lisieux, Thomas Basin, qui l'a consigné dans son histoire[2].

« etsi non licet mentiri, licet tamen, fingendo seu caute respon-« dendo, veritatem occultare loco et tempore. Sic Abraham locutus « est coram Pharaone, etc. » *Mémoire des avocats de la réhabilitation en* 1456, Procès, t. II, p. 247.

[1] F. Jean Pasquerel et Jean d'Aulon, t. III, p. 103 et 209.

[2] « Fertur enim dixisse rex (quod et a comite Dunensi, qui

Ainsi, voilà Charles VII convenant que c'est un secret qui lui fut révélé. Il alla plus loin sur ses vieux jours : il s'ouvrit du secret lui-même, et nous possédons la confidence qu'il en fit, par trois relations écrites au commencement du XVIe siècle [1]. D'après ces trois récits, qui ne diffèrent que par la tournure, Jeanne, en abordant le roi, lui répéta une prière mentale qu'il avait faite peu de temps auparavant, demandant à Dieu que, s'il était le légitime héritier du royaume, cela lui fût manifesté par un secours inespéré, ou qu'autrement, son parti était pris de se retirer en Espagne ou en Écosse.

Tant de versions puisées à des sources si pures, qui se complètent avec un accord si parfait de leurs circonstances communes et avec cette gradation si caractéristique d'un secret divulgué peu à peu, me semblent mettre à l'abri du doute l'authenticité de la révélation.

Si étrange que ce fait paraisse, ou plutôt parce qu'il est très-étrange, je ne puis m'empêcher de

« sibi familiarissimus erat, audivisse meminimus) eam sibi tam « secreta atque occulta ad dictorum fidem adduxisse, quæ nullus « mortalium præter se ipsum, nisi divinitus habita revelatione, « scire potuisset. » *Histor. msc. Caroli VII*, lib. II, c. x.

[1] Procès, t. IV, p. 257, 271 et 279.

faire remarquer ici qu'il n'est pas sans analogue dans notre histoire. Deux fois, à ma connaissance, il s'est reproduit dans les temps modernes; deux fois depuis cent cinquante ans, des personnes de la campagne, très-simples, très-discrètes, très-désintéressées, ont cru voir leur apparaître des êtres célestes dont elles recevaient l'ordre d'aller faire une certaine confidence au roi régnant; et, malgré l'absurde apparence de leur dire, malgré la difficulté d'aborder les souverains modernes, par leur persévérance, par leur bonne conduite, par l'ascendant de leur foi, elles parvinrent toutes deux à se faire donner audience; et qui plus est, après avoir accompli leur mission, elles furent congédiées avec toutes les marques de la considération et gratifiées de ce témoignage, qu'elles avaient dit des choses qu'elles ne pouvaient tenir que de Dieu. Le premier de ces inspirés est un maréchal ferrant de Salon en Provence, qui fut reçu par Louis XIV, à Versailles, en 1699 : son histoire est racontée par Saint-Simon, qui convient de l'impossibilité d'y trouver une explication rationnelle [1]. L'autre est un laboureur des environs de Chartres, nommé

[1] Mémoires, chap. LXVIII.

Martin, que Louis XVIII permit d'introduire auprès de lui, en 1816, après l'avoir soumis pendant six semaines à l'observation de MM. Pinel et Royer-Collard, qui ne surent que constater la parfaite santé de corps et la sincérité d'esprit de cet homme [1].

La révélation de l'épée de Fierbois, qui appartient à un autre genre de perception, ne se présente pas dans l'histoire de Jeanne d'Arc avec une moindre apparence de certitude que le fait précédent. Le plus grand nombre des chroniqueurs en parlent[2] ; mais leur témoignage m'entraîne moins que celui de la Pucelle elle-même.

A son arrivée en France, elle avait passé par le village de Sainte-Catherine de Fierbois, entre Loches et Chinon [3], et à cause que l'église du lieu était dédiée à l'une de ses conseillères, elle y avait

[1] *Relation concernant les événements qui sont arrivés au sieur Martin, laboureur à Gallardon en Beauce, dans les premiers mois de* 1816 ; brochure in-8. Paris, Égron, 1817. J'ai eu entre les mains le rapport même de MM. Pinel et Royer-Collard, et j'ai pu constater que tout ce qu'on en rapporte dans la brochure est d'une fidélité parfaite.

[2] Jean Chartier, le Journal du siége d'Orléans, la Chronique de la Pucelle, les Mémoires de Pie II, le Miroir des Femmes vertueuses.

[3] Interrogatoire du 22 février, t. I, p. 56.

fait de grandes dévotions. Six semaines après son passage, elle eut révélation, comme elle le confesse, que près de l'autel de cette église, à peu de profondeur en terre, existait enfouie une épée toute rouillée et marquée de cinq croix, qu'il lui fallait envoyer chercher pour s'en servir. La ville de Tours chargea de la commission un armurier que Jeanne ne connaissait pas, lequel effectivement trouva l'épée aux enseignes qui lui avaient été dites [1]. Cette découverte produisit sur le peuple le même effet que la révélation du secret avait produit sur Charles VII; ce fut le signe que Jeanne donna à la multitude de la divinité de sa mission. L'accusation s'en prévalut comme d'un acte de charlatanisme, imputant à Jeanne d'avoir su par ouï-dire que cette arme était là ou de l'avoir fait enfouir elle-même malicieusement et frauduleusement [2].

[1] « Dixit, dum esset Turonis vel in Caynone, misit quæsitum « unum ensem existentem in ecclesia sanctæ Katharinæ de Fierbois, retro altare... et erat in terra rubiginosus, in quo erant « quinque cruces; et scivit ipsum ibi esse per voces; nec unquam « viderat hominem qui ivit quæsitum prædictum ensem... Nec « erat multum sub terra retro altare, sicut ei videtur... et fuit « unus mercator armorum de Turonis qui ivit quæsitum. » *Interrog. du 27 février*, t. I, p. 76.

[2] « Dicta Johanna, dæmones consulendo et utendo divinationi-

Je sens combien une pareille interprétation paraîtra forte dans un temps comme le nôtre; combien faibles au contraire sont les lambeaux d'interrogatoire que je mets en opposition; mais lorsqu'on a le procès tout entier sous les yeux, et qu'on y voit de quelle façon l'accusée met sa conscience à découvert, alors c'est son témoignage qui est fort, et l'interprétation des raisonneurs qui est faible.

L'art de déguiser la vérité est incompatible avec une grande âme; aussi les personnes qui l'ont telle, se tirent-elles très-mal du mensonge, et c'est là un de leurs beaux priviléges; car on ne peut se tromper sur leur compte, ni quand elles feignent, ni quand elles disent vrai, tant l'accent de la vérité a de puissance dans leur bouche. C'est le contraire des habiles, dont les mensonges peuvent en imposer, mais aussi dont les paroles les plus sincères risquent de laisser prise au soupçon.

Plus imbu des textes, ou moins circonspect que les panégyristes de Jeanne d'Arc (je ne

« bus, misit quæsitum quemdam ensem absconsum in ecclesia « B. Katharinæ de Fierbois, aut quem malitiose, fraudulenter et « dolose abscondit sive abscondi fecit in dicta ecclesia. » T. I, p. 234.

compte pour rien ses détracteurs, qui tous ont parlé d'elle sans avoir tenu le dossier de son histoire), j'ose dire qu'elle n'a pas toujours répondu vrai aux questions de ses juges. Ne s'agit-il que de sa personne? sa parole est marquée de cette irrésistible franchise à laquelle je rendais hommage tout à l'heure; elle avoue, elle affirme au risque d'encourir mille morts. Mais si la demande couvre la moindre tendance vers une accusation qui pourra retomber sur autrui, alors elle élude, elle hésite, elle enveloppe sa pensée, et, pressée davantage, elle feint : douloureux sacrifice où l'on s'aperçoit que son cœur la pousse et la désavoue tout ensemble. Cet air de torture morale règne au plus haut degré dans ses réponses sur l'ange montré à Charles VII, tandis qu'au contraire, elle raconte la révélation de l'épée d'un ton qui commande la foi.

Incapable d'en dire davantage sur ce point, je passe aux faits de prescience.

La vertu prophétique de la Pucelle a été, de son vivant même, l'objet d'un traité écrit par un Allemand [1]. Ce livre est tout de divagations, sauf en un endroit où l'auteur donne une attention

[1] *De Sibylla Francica Rotuli duo.* Procès, t. III, p. 422.

particulière à ce que « la sibylle de France, » qui était sibylle pour lui aussi bien que l'Érythréenne ou celle de Cumes, n'avait de prédictions qu'au service de son pays [1]. Cela passait pour surprenant en un siècle où des milliers de prophètes prétendaient régler le monde au gré de leurs oracles.

Il est à noter que jamais il n'y eut tant de gens occupés à prédire qu'au moment où parut la Pucelle. Comme tout était ébranlé dans le présent, que l'Église était travaillée aussi bien que les royaumes temporels, les esprits pleins d'inquiétude voulaient à toute force devancer le temps, et qu'on les assurât que la société n'allait pas périr. En concurrence des faiseurs d'almanachs, hommes sérieux alors et les plus savants des Universités, qui cherchaient l'avenir dans les conjonctions des astres [2], un nombre infini de visionnaires, surtout des femmes, se mêlaient de prophétiser. Traitées diversement, selon les dis-

[1] « Adhuc vulgus vacillat admiratione suspensus, unde hoc « accidat quod Sibylla nostra non prophetizet de aliis regnis aut « terris. » T. III, p. 435.

[2] Un auteur du temps de Charles VIII, dont l'ouvrage manuscrit est à la Bibliothèque nationale (n° 7487, français), a recueilli les noms de tous ces astrologues en indiquant les prédictions par lesquelles ils s'étaient illustrés.

positions du clergé de leur diocèse, ces créatures allaient au feu ou jouissaient de la considération des saints ; mais, il faut le dire, l'exemple de sainte Brigitte récemment canonisée, autorisait plutôt les respects que la rigueur [1]. Nous voyons le pape Benoît XIII se servir à Avignon d'une femme de ce genre, dont, pour le dire en passant, les prédictions ne contribuèrent pas peu à faire accepter la Pucelle [2]. En 1413, l'Université de Paris, pour démêler quelque chose à l'état si troublé du royaume, fit appel à la lucidité de tout ce qui avait le don de prophétie parmi les « personnes dévotes et menant vie contempla-

[1] Morte le 8 octobre 1373 et canonisée peu d'années après. Ses prédictions, écrites en latin, devinrent un livre classique que l'on commentait dans les chaires de théologie. La vogue de ce livre était si grande au xve siècle, qu'il eut l'approbation du concile de Bâle. *Bolland. Acta SS.*, t. IV du mois d'octobre, p. 409.

[2] Son nom était Marie, autrement dite la Gasque d'Avignon. Elle vint trouver Charles VI pour la retenir dans l'obédience de Benoît XIII (ms. fr. de la Bibliothèque nationale, n° 10318—2. 2). Il est question d'elle au procès de réhabilitation. « In illis « deliberationibus (Pictavis habitis) quidam magister Johannes « *Erault* retulit quod ipse alias audiverat dici a quadam Maria « *d'Avignon*, quæ venerat apud regem, cui dixerat quod regnum « Franciæ habebat multum pati... dicendo ulterius quod ipsa « habuerat multas visiones tangentes desolationem regni Franciæ, « et inter alia videbat multas armaturas quæ eidem Mariæ præsen- « tabantur ; ex quibus ipsa Maria expavescens timebat ne cogeretur

tive[1].» Une inspirée de Bresse faisait l'étonnement de Gerson en 1424 [2]. Deux autres, sorties du fond de la Bretagne, furent suppliciées à Paris en 1430 [3]; et une troisième de la Rochelle, qui avait voulu s'ingérer dans la mission de la Pucelle et s'était vue repousser par elle, paraît, par esprit de vengeance, lui avoir fait beaucoup de tort dans le parti français [4].

La différence entre Jeanne et toutes ces sibylles, c'est que leurs prédictions n'étaient qu'un pathos dans lequel on pouvait voir toutes choses annoncées, tandis que les siennes portaient sur des faits précis et d'une réalisation prochaine. Et en cela l'observation de l'auteur allemand est très-bien placée. Elle ne prophétisait que sur la France, parce que toutes les forces de son inspiration tendaient à l'affranchissement immédiat de son pays; et ainsi ses voix n'avaient garde de

« illas armaturas recipere; et sibi fuit dictum quod... ipsa non « deferret hujusmodi arma, sed quædam Puella quæ veniret post « eam, et regnum Franciæ ab inimicis liberaret. Et credebat fir- « miter quod ipsa Johanna esset illa de qua ipsa Maria *d'Avignon* « fuerat locuta. » *Déposition de Jean Barbin*, t. III, p. 83.

[1] Jouvenel des Ursins, *Histoire de Charles VI*, *a. c.*

[2] *De Examine fidei*, littera N. sub fin.

[3] Journal d'un bourgeois de Paris, *ad ann.* 1430.

[4] Procès, t. I, p. 295.

l'entretenir dans les songes creux où s'égaraient des imaginations oisives et malades.

En observant la nature de ses prédictions, la raison pourra n'y voir que les événements annoncés par un génie qui, sans se l'avouer, portait en soi la force de les produire. Dégagées de leur expression mystique, elles reviennent effectivement à des pronostics de politique ou de stratégie, comme en ont fait dans tous les temps les hommes d'État supérieurs et les grands capitaines. Si elles se présentent dans l'histoire avec un caractère d'infaillibilité qui dépasse la mesure humaine, c'est parce qu'on n'a enregistré que celles qui se sont accomplies; mais comme j'ai démontré précédemment que Jeanne a prédit maintes choses qui ne sont point arrivées, il s'ensuit que le merveilleux de son instinct prophétique est corrigé par la diversité de ses effets.

Si une telle manière de voir est admissible en ce qui concerne la prescience de Jeanne dans les actes de sa vie publique, tout le monde avouera qu'elle ne saurait convenir à une particularité bien extraordinaire et bien prouvée que voici :

Dans l'une de ses premières conversations avec Charles VII, elle lui annonça qu'en opérant la délivrance d'Orléans elle serait blessée, mais sans être mise hors d'état d'agir [1]; ses deux saintes le lui avaient dit, et l'événement lui prouva qu'elles ne l'avaient pas trompée. Elle confesse cela dans son quatrième interrogatoire. Nous en serions réduits à ce témoignage, que le scepticisme, sans révoquer en doute sa bonne foi, pourrait imputer son dire à une illusion de mémoire. Mais ce qui démontre qu'elle prédit effectivement sa blessure, c'est qu'elle la reçut le 7 mai 1429, et que le 12 avril précédent, un ambassadeur flamand qui était en France écrivit au gouvernement de Brabant une lettre où était rapportée non-seulement la prophétie, mais la manière dont elle s'accomplirait. Jeanne eut l'épaule percée d'un trait d'arbalète à l'assaut du fort des Tourelles, et l'envoyé flamand avait écrit : « Elle doit être blessée d'un trait dans un combat devant Orléans, mais elle n'en mourra pas. » Le passage de sa lettre a été consigné sur les registres de la chambre des comptes de Bruxelles [2].

[1] « Interrogata an bene præsciebat quod læderetur : respondit « quod hoc bene sciebat et dixerat suo regi, sed quod, hoc non « obstante, non dimitteret ulterius negotiari. Et fuerat hoc sibi « revelatum per voces duarum sanctarum. » *Interrogatoire du 27 février*, t. I, p. 79.

[2] « Scripsit ulterius quod quædam Puella... est penes prædic- « tum regem, quæ sibi dixit quod Aurelianenses salvabit... et

Je répète que je n'ai pas de conclusion à tirer de ce fait, non plus que des autres qui précèdent. Je m'en tiens à leur exposé, tel que les vues de l'histoire le comportent.

VIII.

Si Jeanne a été trahie devant Compiègne.

Si les historiens n'ont pas aperçu la conspiration permanente des courtisans contre la Pucelle, ils admettent la plupart qu'elle fut faite prisonnière par trahison, la porte de Compiègne ayant été méchamment fermée devant elle.

En remontant à la source de cette opinion, je trouve qu'elle s'est produite à mesure que les événements se sont éloignés. Il n'y a rien qui la justifie dans les auteurs de la première moitié du xve siècle. Après 1450, apparaît l'accusation vague d'une trahison [1]; sous Louis XII seulement,

« quod ipsa ante Aureliam in conflictu telo vulnerabitur, sed inde « non morietur. » *Procès,* t. IV, p. 426.

[1] « La ditte Pucelle fut trahie et bailliée aux Anglois devant Compiègne. » Thomassin, dans son *Registre delphinal*, écrit en 1456. « Elle fut prinse, et ce firent faire par envie les capitaines de France, pour ce que, si aucuns faitz d'armes se faisoyent, la renommée estoit telle par tout le monde que la Pucelle les avoit faitz. » *Chronique de Normandie,* écrite après 1461. La chronique

Guillaume de Flavy, gouverneur de Compiègne, en est signalé comme l'auteur.

Le premier témoignage en ce sens est celui d'un petit livre populaire intitulé le *Miroir des Femmes vertueuses*, livre où l'histoire de Jeanne est racontée de la manière la plus fabuleuse; mais où, par exception, le fait de Flavy est donné avec une apparence de garantie. L'auteur, en effet, ne se borne pas à énoncer la trahison du gouverneur, il allègue comme preuve à l'appui une anecdote à lui racontée par deux octogénaires de Compiègne, et d'après laquelle Jeanne venant de communier un matin dans l'église de Saint-Jacques, aurait harangué les bonnes gens de la ville qui se pressaient pour la voir, et leur aurait demandé leurs prières, parce qu'elle se savait trahie et qu'elle ne tarderait pas d'être livrée à la mort[1].

Sans vouloir révoquer en doute la scène de l'église Saint-Jacques, je dirai qu'elle ne prouve rien contre Flavy, et même qu'elle n'a pu être

de Jean Chartier, qui est du même temps, dit d'une manière plus couverte : « Ce disoient aucuns que la barrière leur fut fermée au retourner, et autres disoient que trop grant presse y avoit à l'entrée. »

[1] Voir ce récit très-circonstancié dans le t. IV du *Procès*, p. 272.

rattachée aux circonstances de la prise de Jeanne que par une erreur facile à démontrer.

La Pucelle, de son aveu, entra à Compiègne le matin même du jour où eut lieu la sortie qui lui fut si fatale [1]. Elle était venue exprès pour faire cette sortie; elle avait donc l'espoir de réussir. Les historiens bourguignons prétendent que sa confiance allait si loin, qu'elle s'était vantée de ramener leur duc prisonnier [2]. Pour nous en tenir au seul témoignage de Jeanne, ses voix, qui l'avaient assaillie de révélations funestes les jours précédents, ne lui dirent rien cette fois qui pût lui inspirer de la crainte [3]. Le moment était critique pour ceux de Compiègne : l'ennemi avait déjà pris position sous leurs murs. Les eût-elle troublés par de sinistres présages le matin du jour où elle comptait opérer leur délivrance ?

C'est vraisemblablement à un autre séjour de Jeanne que se rapporte le fait raconté par les

[1] « Respond qu'elle vint à heure secrète du matin, et entra en la ville sans ce que les ennemis le sceussent guères; et ce jour mesme, sur le soir, feit la saillie dont elle fut prinse. » *Procès*, t. I, p. 114.

[2] Lefèvre de Saint-Remy et G. Chastellain, t. IV, p. 438 et 444.

[3] « Lui fut dict par sesdictes voix qu'elle serait prinse... par plusieurs fois et comme tous les jours... mais ne lui dirent point l'heure, et s'elle l'eust sceu, elle n'y fust pas alée. » T. I, p. 115.

deux vieillards. Un mois avant, lorsque Compiègne n'était pas encore assiégé, elle y était venue, se proposant d'arrêter les Bourguignons qui s'avançaient de Noyon vers le confluent de l'Aisne et de l'Oise [1]. Son plan d'attaque manqua par la trahison du capitaine de Soissons; elle rentra tout affligée à Compiègne, et c'est alors qu'il est supposable qu'elle se plaignit au peuple et qu'elle lui fit part de ses pressentiments.

Quant à Guillaume de Flavy, une suite interminable de forfaits ont rendu son nom tellement sinistre, que l'on conçoit que par la suite du temps on lui ait imputé des crimes dont il n'était pas coupable. Il fut de ces hommes qui, jetés dès leur enfance sur les champs de bataille, y avaient contracté la férocité et le déréglement des barbares. Ses violences publiquement exercées, le rendirent redoutable même au roi, qui n'osa pas le poursuivre après la séquestration et la mort plus que suspecte d'un de ses maréchaux [2]. En revanche, sa femme l'ayant assassiné, obtint sa grâce [3]. Pendant vingt ans, ses

[1] Chronique du hérault Berri, *Procès*, t. IV, p. 49.

[2] Jean Chartier dans Godefroy, p. 98.

[3] Procès, t. IV, p. 273, et la Chronique de Matthieu de Coussy, ch. XXVII.

frères poursuivirent la vengeance de sa mort sur les complices de leur belle-sœur. Trois meurtres assouvirent à peine leur ressentiment[1]. Enfin la justice s'en mêla, et avec ses lenteurs d'autrefois, en l'année 1509 seulement, après l'extinction totale de la lignée masculine des Flavy, elle rendit un arrêt qui flétrissait la mémoire de Guillaume, comme assassin du maréchal mort dans ses prisons. Une croix commémorative du crime et du jugement fut érigée devant la grosse tour de Compiègne[2]. Pour le dire en passant, rien ne fut plus inique que cette condamnation; car, en 1441, Flavy avait reçu abolition pleine et entière pour l'attentat si tardivement puni. La pièce existe encore aux Archives nationales[3]. Je me persuade que la justice populaire fut aussi mal éclairée que celle du parlement, lorsque, par un arrêt également posthume, elle déclara le même Flavy coupable d'avoir vendu la Pucelle. Trop de raisons concourent à établir que ni ses sentiments ni ses intérêts ne se fussent prêtés à une semblable trahison.

[1] Mémoires de J. Duclercq, l. V, ch. x.

[2] Manuscrit de la Bibliothèque nationale, Cabinet des titres, dossier *Flavy*. Voy. le t. V du Procès, p. 368.

[3] Procès, t. V, p. 371.

Du temps de Jeanne d'Arc, Guillaume de Flavy était encore un jeune homme, quoique de grande réputation. Il avait figuré avec éclat parmi les défenseurs de la Meuse. Forcé en 1428 de rendre Beaumont où il commandait, il renonça aux armes et se retira chez son père, au château de Liancourt[1]. Les succès de l'année suivante le rappelèrent au service. Sa famille avait beaucoup d'influence à Compiègne : il en usa pour procurer la soumission de la ville et pour s'en faire élire capitaine par les habitants. Mais lorsque les bourgeois de Compiègne allèrent présenter sa nomination au roi, le sire de La Trémouille leur signifia qu'il avait déjà obtenu cette fonction pour lui-même. M. de La Trémouille, tout opiniâtre qu'il était, apprit en cette occasion que Flavy l'était encore plus que lui. Il fut obligé de céder et de se contenter de la capitainerie honoraire que le jeune homme voulut bien lui laisser par déférence pour le roi[2].

La ville de Compiègne, revêtue encore d'une partie de la splendeur où l'avaient portée les rois carlovingiens, était à cette époque la clef de l'Ile de France, en même temps que l'une des plus

[1] Monstrelet, l. II, ch. XLVII.

[2] Mémoire sur Flavy, *Procès*, t. V, p. 174.

belles villes du royaume. Le duc de Bourgogne séchait d'envie de l'avoir. Très-probablement, lorsque La Trémouille en briguait le commandement, c'était dans l'intention de la lui rendre plus tard. J'en trouve la preuve dans ce fait, qu'au mois d'octobre 1429, lorsque Regnauld de Chartres eut à son honneur de traiter avec les Bourguignons, les négociations eurent pour base la reddition de Compiègne; mais parce que Guillaume de Flavy induisit les bourgeois à n'y point entendre, le duc de Bourgogne se contenta provisoirement de Pont-Sainte-Maxence [1].

De quel nom appeler un négociateur qui livre au vaincu une porte pour entrer dans la conquête du vainqueur? L'apparition de Jeanne d'Arc avait rendu aux Français toute la ligne de l'Oise. Il suffisait de garder cette ligne pour réduire Paris. En cédant Pont-Sainte-Maxence, on perdit l'avantage de la position; mais en cédant Compiègne, on eût perdu la position elle-même. C'est un grand honneur à Guillaume de Flavy d'avoir conservé cette place à la France, comme c'est une grande honte à Regnauld de Chartres d'avoir voulu la rendre.

[1] Mémoire sur Flavy, *ibidem*.

Après avoir résisté à la diplomatie, le capitaine de Compiègne eut à résister à la corruption. Le duc de Bourgogne, pour lui faire lâcher ce précieux gage, lui promit des monceaux d'or et un beau mariage avec une riche héritière de ses domaines. Il répondit noblement que la ville n'était pas à lui, mais au roi[1] : en quoi il servit le roi malgré le roi lui-même, car Jean Chartier nous apprend que Charles VII trouva cette obstination fort mauvaise; mais force lui fut de la subir[2].

Enfin Flavy acheva son ouvrage d'une manière digne de sa bravoure, en soutenant un siége de six mois contre les forces réunies de l'Angleterre et de la Bourgogne. Il s'en tira tout seul, n'ayant reçu de secours que celui que lui apporta Jeanne, quand la ville commença d'être investie, et un autre de Poton de Xaintrailles, qui lui permit à la fin de mettre les assiégeants en déroute.

Il résulte de tout cela, que Flavy voulait aussi sincèrement que la Pucelle la délivrance de Compiègne; qu'en s'y employant tous les deux comme ils firent, ils froissèrent les mêmes amours-pro-

[1] Lettre de l'archevêque de Reims, dans Rogier. Varin, *Archives législatives de Reims, Statuts*, t. I, p. 604.

[2] Dans Godefroy, *Histoire de Charles VII*, p. 43.

près et encoururent la même indignation; qu'enfin, à supposer Flavy jaloux de son alliée, il ne l'eût pas sacrifiée dès le début de leur commune entreprise, au risque de décourager la population de Compiègne, sur qui reposait tout l'espoir de la résistance.

IX.

Examen critique de la sortie de Compiègne.

Le récit des auteurs les plus exacts, interprété d'après l'étude des lieux, n'autorise pas à voir dans la prise de la Pucelle, autre chose que l'un des funestes hasards de la guerre. C'est ce que je vais tâcher de mettre en évidence.

Compiègne borde la rive gauche de l'Oise. De l'autre côté de l'eau, s'étend une prairie large d'un quart de lieue, au bout de laquelle la côte de Picardie s'élève, comme un mur qui serait destiné à fermer l'horizon en face de la ville. La prairie est si basse, qu'à cause des inondations, on y a établi d'ancienneté une chaussée pour aller du pont de Compiègne à la côte. Trois clochers délimitent l'étendue de prairie que l'œil embrasse des murs de Compiègne : Margny, au bout de la chaussée; Clairoix, à trois quarts de lieue en amont au confluent des deux rivières d'Aronde et d'Oise, tout près de celui de l'Oise et de l'Aisne; Venette, à une demi-lieue en descendant vers Pont-Sainte-Maxence.

Les Bourguignons avaient un camp à Margny, un autre à Clairoix; le quartier des Anglais était à Venette. Quant aux habitants de Compiègne, ils avaient pour première défense du côté de l'ennemi, une de ces redoutes que les chroniqueurs du XVe siècle appellent *boulevard;* elle était placée à la tête de leur pont, au commencement de la chaussée [1].

Le coup de main résolu par la Pucelle consistait à sortir sur le déclin du jour pour enlever Margny, puis Clairoix, et là, au débouché de la vallée d'Aronde, accueillir le duc de Bourgogne qui y était logé et qu'elle s'attendait à voir venir au secours des siens. Elle n'avait cure des Anglais, s'étant bien concertée avec Flavy pour qu'ils ne coupassent point la retraite. Celui-ci y pourvut de son mieux, d'abord en disposant des gens de trait sur le front et sur les flancs du boulevard, ensuite en préparant sur l'Oise quantité de bateaux couverts pour recevoir les

[1] Georges Chastellain, *Procès*, t. IV, p. 441.

piétons dans le cas d'un mouvement rétrograde [1].

L'action commença bien. La garnison de Margny succomba en un clin d'œil. Ceux de Clairoix, accourant pour la soutenir, furent repoussés, puis repoussèrent à leur tour; et par trois fois la même alternative eut lieu dans la prairie sans que les Français ni les Bourguignons rompissent leurs rangs. Cela donna aux Anglais le temps d'approcher. Grâce aux précautions prises du côté de Compiègne, ils ne pouvaient qu'aller grossir le corps de bataille des Bourguignons; malheureusement les derniers rangs de ceux qui combattaient avec la Pucelle crurent à la possibilité d'une diversion, et qu'étant pris à revers, les moyens de retraite préparés pour eux deviendraient inutiles. Sans autrement réfléchir, ils se débandèrent et coururent les uns aux bateaux, les autres à la barrière du boulevard. Les Anglais témoins de cette déroute, accoururent, fort en sûreté du côté de la place, d'où on ne pouvait plus tirer sur eux de peur d'atteindre les fuyards. Ils prirent ainsi possession de la chaussée, et comme poussant toujours en

[1] Mémoire sur Flavy, *Procès*, t. V, p. 177.

avant, ils en vinrent à ce que leurs chevaux avaient le chanfrein dans le dos de ceux qui faisaient foule à l'entrée du boulevard, pour le salut de la ville il fallut en fermer la porte au moins jusqu'à ce que la barrière du boulevard eût été rétablie. Perceval de Cagny, auteur si prononcé contre les ennemis de la Pucelle, rapporte comme la chose la plus naturelle que Flavy ait ordonné cette manœuvre [1].

Jeanne cependant était restée dans la prairie avec la compagnie qui formait d'ordinaire la garde de son corps. Elle combattait dans ce même état d'exaltation qui lui avait fait croire, à Saint-Pierre-le-Moustier, qu'elle avait cinquante mille hommes avec elle, lorsqu'elle était seule au pied de la muraille [2]. Elle fit taire ceux qui l'avertissaient du sauve qui peut, en disant son mot accoutumé : « Allez avant, ils sont à nous [3]. » Mais

[1] « Le capitaine de la place véant la grant multitude de Bourguignons et Engloiz prestz d'entrer sur son pont, pour la crainte qu'il avoit de la perte de sa place, fist lever le pont de la ville et fermer la porte. » *Procès*, t. IV, p. 34.

[2] « Il qui parle tira vers elle et luy demanda ce qu'elle faisoit là ainsi seule et pourquoy elle ne se retrahioit comme les autres. Laquelle... lui respondit qu'elle n'estoit pas seule et que encore avoit-elle en sa compagnie cinquante mille de ses gens. » *Déposition de d'Aulon*, t. III, p. 218.

[3] Perceval de Cagny.

ses gens prirent la bride de son cheval et la firent retourner de force du côté de Compiègne. La fatalité voulut qu'ils n'arrivassent qu'au moment où l'entrée du boulevard n'était plus accessible. Les Anglais occupaient déjà la tête de la chaussée, avisant de là les derniers coups à faire sur la prairie. La petite troupe de la Pucelle, toujours poursuivie, vint s'acculer sous leurs yeux dans l'angle formé par le flanc du boulevard et par le talus de la chaussée. Les Picards qui l'avaient amenée là, commencèrent à prendre ou à tuer tout ce qui leur faisait obstacle pour arriver jusqu'à la personne de Jeanne, sur laquelle, lorsqu'ils l'eurent démasquée, ils portèrent la main tous à la fois. Ne sachant auquel entendre de tant d'assaillants qui lui criaient : rendez-vous! elle donna sa foi à celui qui la tirait le plus fort, qui était l'un des archers attachés à la lance du bâtard de Wandomme. Ce bâtard de Wandomme (et non de Vendôme, comme on a toujours dit) [1] était lui-même un écuyer du pays d'Artois, lieutenant de Jean de Luxembourg.

[1] La véritable forme de ce nom est établie à la fois par les actes du procès et par les bons manuscrits de la Chronique de Monstrelet. *Procès*, t. I, p. 13; et t. IV, p. 401.

X.

Considérations nouvelles sur la trahison à laquelle Jeanne succomba.

Il me reste à donner un dernier éclaircissement sur les craintes de trahison publiquement exprimées par la Pucelle à Compiègne. Ce n'est pas seulement dans cette ville qu'elle y songea; aux plus beaux jours de sa gloire cette idée la préoccupait. La veille de son entrée à Reims, elle en fit part à ses parents et amis du village qui étaient venus la voir à Châlons [1]. En interprétant cela comme un cri de son cœur troublé par la mauvaise conscience de ses adversaires, on est conduit à chercher autour du roi celui ou ceux de qui elle appréhendait son malheur.

Un auteur assez mal informé, mais contemporain et presque compatriote de la Pucelle, habitant d'ailleurs une ville où on parlait plus librement qu'en France, l'annaliste de Metz, rapporte comme une opinion accréditée autour de lui que La Trémouille « eut envie des faits que faisait la Pucelle, et fut coupable de sa prise [2]. »

[1] « Vidit eam Catalaunis cum quatuor dictæ villæ de Dompno-« Remigio, et dicebat quod non timebat nisi proditionem. » *Déposition de Gérardin d'Épinal*, t. II, p. 421.

[2] Procès, t. IV, p. 323.

Ainsi, le sentiment de la génération au milieu de laquelle vécut Jeanne se joint au témoignage d'une politique constamment hostile, pour qu'on regarde La Trémouille comme l'auteur d'une trahison à laquelle Jeanne succomba.

Maintenant, cette trahison quelle fut-elle? Un grossier marché conclu avec les ennemis de la France, comme celui de Judas vendant son maître? Cela n'a pu être admis que par les bonnes gens du xve siècle. A moins de recevoir la Pucelle bien liée et garrottée, les Anglais et les Bourguignons n'auraient pas payé un écu la chance de la prendre dans un guet-apens, tant ils étaient peu sûrs qu'elle fût prenable. La trahison de La Trémouille fut quelque chose de longuement élaboré et surtout de couvert, comme les approches d'un ennemi calculateur vers un point formidable qu'il veut emporter. Ses manœuvres pour amener la Pucelle à un échec en furent le premier acte. La confiance publique une fois ébranlée, le dénoûment consista à démontrer que cette créature n'était plus bonne à rien. Je crois apercevoir le moyen dont on se servit pour cela.

Du temps de Louis XIII, il y avait aux archives de l'hôtel de ville de Reims l'original d'une lettre de Regnauld de Chartres qui n'existe plus aujourd'hui, mais dont le greffier de l'échevinage de ce temps-là nous a laissé l'analyse[1]. Ce document n'a été encore ni employé, ni soumis à la critique. Comme il est d'une conséquence infinie, que, d'un autre côté, il ne se présente pas sous sa forme originale, on pourra élever des doutes, sinon sur la bonne foi, du moins sur l'intelligence de celui qui nous l'a transmis. Je ne m'en sers donc qu'avec une certaine réserve, après m'y être pris de toutes les manières pour l'interpréter autrement que je ne fais, et désirant, tant la teneur en est révoltante, que de nouveaux documents viennent modifier le sens que je lui donne.

L'objet du chancelier est d'annoncer aux habitants de Reims la prise de Jeanne devant Compiègne, mais de façon que leur deuil en soit léger. Il rapporte d'abord le fait brièvement, sèchement; puis il s'en prend tout de suite à la victime : « elle ne voulait croire conseil, ains faisait tout à son plaisir. » La perte d'une telle orgueilleuse est-elle bien à regretter? Il s'empresse

[1] J'ai introduit cette analyse parmi les suites du Procès, t. V, p. 168. Elle avait été imprimée par M. Varin dans son recueil des *Archives législatives de la ville de Reims*, deuxième partie, *Statuts*, t. I, p. 604.

d'avertir que Dieu a manifesté le contraire : un pâtre du Gévaudan « qui dit ni plus ni moins qu'avait fait Jeanne » s'est présenté au roi ; il a commandement de Dieu d'aller avec les gens du roi et de déconfire sans faute les Anglais et Bourguignons. Ce n'est pas assez de consoler les gens de la captivité de Jeanne ; il faut les préparer à prendre en patience le sort rigoureux que les Anglais lui réservent probablement. Regnauld de Chartres insinue qu'on a dit au berger que les Anglais avaient fait mourir la Pucelle, et qu'il a répondu que « tant plus leur en mescherrait. » Après cette dernière précaution prise contre les restes de l'affection populaire, il n'y a plus qu'à donner le coup de grâce. L'auteur de la lettre fait faire cela par le berger, en lui mettant dans la bouche que « Dieu avait souffert prendre la Pucelle parce qu'elle s'était constituée en orgueil, et pour les riches habits qu'elle avait pris, et qu'elle avait fait sa volonté au lieu de faire la volonté de Dieu. »

Tout cela me paraît d'une suite parfaite, d'un art qui ne laisse rien à désirer, et me fait conclure que le complot monté contre la Pucelle eut pour dernière trame de lui susciter un remplaçant. Le sujet choisi pour ce rôle nous est à peine connu. Quelques mots des chroniqueurs autorisent à le regarder comme un idiot visionnaire [1]. Il est constant que Regnauld de Chartres le reçut comme un messie, le garda auprès de lui à Beauvais, et de là lui fit faire, deux mois après la mort de la Pucelle, une expédition où le malheureux trouva dès le début la fin de ses exploits. Les Anglais le prirent, et sans forme de procès le jetèrent à l'eau dans un sac.

Il est possible que le chancelier, dans l'aveuglement de sa passion, ait fait jouer de bonne foi cette machine. Son éloignement de la cour au moment où le berger s'y présenta, est une raison pour croire que La Trémouille en eût l'invention plutôt que lui. Quant à la suite des événements, elle fut hors de la main de La Trémouille, et de Regnauld de Chartres, et de tous les comploteurs. La captivité de la Pucelle, qui consommait

[1] « Ung meschant garson Guillaume le bergier, qui faisoit les gens ydolastres en lui, et chevaulchoit de costé, et monstroit de fois en aultre ses mains et pieds et son costé, et estoient tachez de sang, comme sainct François. » *Journal d'un bourgeois de Paris*, ad ann. 1431. « Ung que François nommoient Pastourel, et le voulpient exauchier en renommée comme et par telle manière que par avant avoit esté Jehanne la Pucelle. » Monstrelet. « Ung jeune enfant, bergier tout sot, soy disant envoyé de Dieu. » Martial d'Auvergne, *Vigiles de Charles VII*. Voy. *Procès*, t. V, p. 169.

leur triomphe dans un sens, dut les embarrasser plus tard, lorsqu'ils virent se dessiner la perspective d'un procès. Je ne serais pas étonné que leur intrigue se fût tournée alors à tâcher de la tirer des mains des Bourguignons. L'Université de Paris écrivant à Jean de Luxembourg deux mois après l'événement de Compiègne, lui exprime ses appréhensions au sujet d'une délivrance secrètement négociée par « aucuns des adversaires qu'on dit appliquer à ce tous leurs entendemens par toutes voies exquises, et qui pis est, par argent ou rançon [1]. » Je ne vois pas de qui ces démarches peuvent avoir été le fait, sinon de quelque ville amie de la Pucelle, qui ne comprenait pas l'inaction du gouvernement; ou des courtisans qui redoutaient les aveux publics de celle qu'ils avaient tant persécutée, ne pouvant prévoir jusqu'où elle pousserait la générosité à leur égard.

XI.

De ceux qui firent le procès.

La Pucelle fut prise le 23 mai 1430 à six heures du soir [2]. La nouvelle n'arriva à Paris que le

[1] Procès, t. I, p. 10.

[2] Lettre du duc de Bourgogne aux habitants de Saint-Quentin. *Procès*, t. V, p. 166.

25 au matin [1]. Le lendemain 26, le greffier de l'Université écrivit, au nom et sous le sceau de l'inquisiteur de France, une sommation au duc de Bourgogne tendant à ce que la Pucelle fût remise « pour ester à droit » devant ledit inquisiteur, et pour répondre « au bon conseil, faveur et aide des bons docteurs et maîtres de l'Université de Paris [2]. »

Ainsi l'idée de faire succomber Jeanne devant l'Église se produisit spontanément, non pas dans les conseils du gouvernement anglais, mais dans les conciliabules de l'Université de Paris.

L'Université était alors un corps ecclésiastique, mais presque séculier par ses attributions et indépendant par ses priviléges. Ses attaches au monde l'insinuaient constamment dans la politique, tandis que par la multitude de ses suppôts il dominait l'Église gallicane et lui soufflait forcément son esprit. Malgré les souillures qu'il avait contractées dans les troubles civils et la scission du clergé de France en deux partis, son ascendant subsistait là même où les intérêts politiques auraient dû l'anéantir. Il en résulte que l'opinion défavorable de l'Université sur la Pucelle était

[1] Registre du Parlement de Paris. *Procès*, t. IV, p. 458.

[2] Procès, t. I, p. 9.

destinée d'avance à produire plus d'effet sur le clergé de Charles VII, que l'opinion d'abord favorable du même clergé n'en avait produit sur tous les ecclésiastiques du parti contraire. Quel succès les théologiens de Paris ne durent-il pas se promettre sachant, comme ils ne purent manquer de le savoir, la créance de leurs antagonistes notablement diminuée? On avait fait plus que la moitié de leur ouvrage, car ils brûlaient de prouver que Jeanne était un monstre d'orgueil, et c'est au péché d'orgueil que des Français attribuaient sa déchéance.

Entre le moment où l'Université fit sa première réclamation et celui où le procès commença, il s'écoula sept mois qui changèrent beaucoup la situation des choses. Le gouvernement anglais s'assura de la personne de Jeanne, et un expédient fut trouvé pour mettre l'idée de l'Université à exécution, sans livrer le résultat à sa merci.

Les politiques anglais, qui sentaient que leur nation atterrée ne reprendrait courage que lorsque la Pucelle serait morte, qui l'avaient achetée pour s'en défaire, mais qui pourtant ne pouvaient, d'après les principes du siècle, livrer au supplice une personne de si grande chevalerie, ces politiques n'eurent garde d'imaginer mieux que le procès d'Église, puisqu'ils virent jour par là à obtenir la mort de leur ennemie, sans y coopérer en apparence. Seulement, la passion extraordinaire avec laquelle ils souhaitaient cette mort, fit qu'ils jugèrent plus sûr d'avoir un homme à eux pour diriger la cause, que de s'en remettre aux sentiments hostiles, mais mobiles de tout un corps.

Il se trouva que le point où Jeanne avait été prise était du diocèse de Beauvais; en second lieu, que le possesseur titulaire de l'évêché de Beauvais était un prélat réfugié auprès des Anglais et totalement à leur dévotion; enfin que ce même prélat exerçait une grande autorité sur l'Université de Paris, étant son protecteur en titre, ou, comme on disait alors, le Conservateur de ses priviléges. Cette triple circonstance fut la porte par où Pierre Cauchon s'introduisit dans l'affaire. Il revendiqua Jeanne comme sa justiciable, et mûrit à lui seul la conduite du procès, certain de ne rien entreprendre qui ne reçût plus tard l'approbation de l'Université.

Pierre Cauchon fut un homme politique très-considérable, dont la fortune, commencée par la faveur des Cabochiens, s'accrut ensuite par la confiance illimitée de la famille de Lancastre.

Grand praticien en matière de droit, il s'était créé par là une renommée dont il usa trop souvent pour satisfaire la violence de ses opinions. Après les massacres de 1418, il se fit nommer commissaire pour juger les prêtres armagnacs [1]; et en 1420, après son élévation à l'épiscopat, on le vit transformer en tribunal révolutionnaire la cour ecclésiastique de Beauvais [2]. Ses amis ont loué de belles qualités qui étaient en lui [3]. Il ne se révéla dans l'affaire de Jeanne que comme un homme passionné, artificieux, corrompu.

Saisi de la cause à titre de juge ordinaire, il eut à se constituer un tribunal qui n'eût pas l'air d'un tribunal exceptionnel. Il était chassé de son diocèse, par conséquent n'avait ni territoire ni clergé. Le gouvernement ne tenant compte des offres empressées de Paris, voulut que Rouen lui fournît l'un et l'autre. Il fallut vaincre les répugnances du chapitre de Rouen, qui craignait qu'à la faveur d'une telle concession l'évêque de Beauvais ne prît pied dans son église [4]. Plusieurs cha-

[1] Archives nationales, Registres du Parlement, *Conseil*, n° 27, au 27 juillet 1418.

[2] Jouvenel des Ursins, à l'an 1420.

[3] Duboulai, *Historia Univers. paris.*, t. V, p. 912.

[4] Registres capitulaires de Rouen, cités par M. Chéruel dans un article de la *Revue de Rouen et de la Normandie*, juin 1845.

noines ne purent même être réduits, mais on gagna la majorité.

Le procès de réhabilitation tend à établir que l'intimidation fut employée contre quiconque ne se prêtait pas à la volonté des Anglais. Il est bon de remarquer cependant que, sur ce point, il y a des témoins contradictoires, les uns ne voulant pas convenir du fait, les autres donnant à entendre que la lâcheté, ou la cupidité, ou les préventions de ceux à qui on s'adressa rendirent inutile l'emploi des menaces [1]. Les actes de violence qu'on allègue comme preuve d'un système prémédité, furent bien plutôt des écarts occasionnés par les passions individuelles, auxquelles il est si difficile de mettre un frein dans les temps de révolution. Loin que les violences fussent goûtées par les lords du grand conseil, je vois au contraire que

[1] « Dicit quod non vidit neque percepit impressionem, neque « minas aut terrores. » *Déposition de Taquel*, t. II, p. 317. « Dicit quod, judicio suo, judices et adsessores erant pro majori « parte voluntarii. » *Déposition de N. de Houppeville*, ibid., p. 325. « Pars assistentium in processu timebat et alia favebat. » *Déposition d'Isambard de La Pierre*, ibid., p. 364. « Non credit contenta in « articulo, maxime quoad timorem et minas, sed magis in favorem, « maxime quia aliqui... receperunt munera. » *Déposition de Thomas Marie*, ibid., p. 370. « Aliqui Anglici procedebant contra eam « ex odio; sed notabiles viri procedebant bono animo. » *Déposition d'André Marguerie*, t. III, p. 183.

lorsque des subalternes se portèrent à des excès capables de soulever l'opinion, ils furent réprimandés publiquement et même destitués de leurs fonctions [1]. En un mot, le procès allait si bien de lui-même selon les vœux du gouvernement, qu'on doit croire que toutes les précautions furent prises pour en rendre la forme irréprochable.

Rien n'est frappant comme le soin que mirent à s'effacer les dignitaires et fonctionnaires laïques. Là même où leur présence eût été légitime, on ne vit paraître que les gens d'Église. Il n'est pas jusqu'au duc de Bedford qui, tant que dura le jugement, parut avoir résigné la régence entre les mains du cardinal de Winchester. Son nom, que taisent les documents, est prononcé une seule fois par un témoin de la réhabilitation; encore n'est-ce que pour alléguer un acte extrajudiciaire auquel le noble duc avait assisté en ca-

[1] « Semel aut bis conquesta fuit ipsa Johanna... quod alter custodum voluerat eam violare ; quibus Anglicis propterea a domino « de Warwick... minæ magnæ illatæ sunt... et de novo duo alii « custodes commissi. » *Déposition de G. Manchon*, t. II, p. 298. « Quidam cappellanus cardinalis Angliæ... dixit episcopo belvacensi quod nimis favebat eidem Johannæ... qui fuit a cardinali « anglico reprehensus, eidem dicendo quod taceret. » *Déposition d'André Marguerie*, t. III, p. 184.

chette, faisant le rôle d'espion derrière un rideau [1].

En appelant à siéger au tribunal le juge de l'inquisition et les principaux membres de l'Université de Paris, on réunit tout ce qui avait qualité pour prononcer en matière de foi; par conséquent on affecta d'environner le jugement de toutes les garanties imaginables.

L'inquisiteur de la localité était un pauvre moine plein de timidité et de faiblesse. Il ne s'adjoignit qu'avec répugnance et par mandement spécial du grand inquisiteur de France; mais il n'en couvrit pas moins de son autorité l'ouvrage de l'évêque de Beauvais, et la sentence colportée par toute l'Europe avec sa signature, fit connaître son concours et non pas sa contrainte.

Quant aux docteurs de Paris, à part les médecins qui trouvèrent étrange d'être convoqués [2], ils accoururent sans se faire prier. Pierre Cauchon avait fait son choix avec art. Comme les Facultés venaient d'élire leurs représentants au concile de

[1] « Deponit... quod ipsa Johanna fuerat visitata per matronas... « et quod dux Bethfordiæ erat in quodam loco secreto, ubi videbat « eamdem Johannam visitari. » *Déposition de G. Colles*, t. III, p. 163.

[2] Dépositions de Jean Tiphaine et de Guillaume de La Chambre, t. III, p. 47, 50.

Bâle, ceux-là furent les premiers qu'il appela. Il mit avec eux soit des bénéficiers normands, que leur intérêt devait rendre plus maniables, soit de jeunes lauréats aussi inexpérimentés aux choses du monde qu'ils étaient brillants dans l'école. Tous professaient l'opinion bourguignonne, attendu que l'*alma mater* n'en tolérait point d'autre pour le moment; mais ils étaient plutôt modérés qu'autre chose. J'en juge ainsi par les trois dont la participation au procès fut le plus fatale à l'accusée : Guillaume Érard, Nicole Midi et Thomas de Courcelles.

J'ai réuni dans le premier volume du procès le peu de notions que je possédais sur ces personnages lorsque je commençai ma publication. D'autres renseignements se sont depuis présentés à moi, qui me permettent d'apprécier mieux que je ne faisais alors, la position de ces hommes entre les partis.

Guillaume Érard, par exemple, dans lequel divers titres m'avaient fait voir un séide de la dynastie anglaise, Guillaume Érard apparaît sous un tout autre jour dans l'Histoire du collége de Navarre. Les bienfaits du roi d'Angleterre ne l'empêchèrent ni d'être en relation suivie avec Gérard Machet, confesseur de Charles VII, ni d'obtenir par lui des bénéfices en France; et d'autre part, Gérard Machet, qui avait opiné avec le jury de Poitiers en faveur de la Pucelle, n'en continua pas moins de traiter Érard de *vir clarissimæ virtutis et cœlestis sapientiæ,* après que Jeanne eut péri par le fait de celui-ci plus que d'aucun autre [1]. Je trouve encore que cet illustre docteur, que Duboulai fait mourir en 1444, jouissait en 1453, sous le gouvernement de Charles VII, de la cure de Saint-Gervais à Paris [2].

Pour Nicole Midi, quoique un témoin de la réhabilitation prétende qu'il mourut de la lèpre peu de temps après le procès [3], il ne laissa pas que de briller encore dans l'Université après la restauration de Charles VII. Ce fut même lui qui harangua le roi à son entrée à Paris [4] : circonstance qui est pour moi la preuve de sa modération politique; car quand on connaît l'horreur de Charles VII pour les révolutionnaires de Pa-

[1] Analyse des Épîtres de Gérard Machet, nos 92 et 199, dans Launoy, *Regii Navarræ gymnasii historia.*

[2] Archives nationales, L. 164.

[3] « Audivit manuteri quod omnes qui de morte ejus fuerunt « culpabiles, morte turpissima obierunt : puta ipse magister Nico- « laus Midi, lepra post paucos dies percussus est. » *Déposition de Guillaume Colles*, t. III, p. 165.

[4] Duboulai, *Historia Univ. paris.*, t. V, p. 442.

ris, on ne peut admettre que l'homme par la bouche duquel les Facultés lui firent leur soumission, fut de ceux qui avaient acquis un renom sinistre dans les troubles.

J'en dirai autant de Thomas de Courcelles, qu'on vit jouir par la suite non pas seulement de la faveur, mais de l'amitié du roi. C'était un austère et éloquent jeune homme, d'un esprit lucide, quoique nourri d'abstractions. Il fut le premier des théologiens longtemps avant que son âge lui eût permis d'emporter le grade de docteur, et au sortir de ses classes on s'habitua à le considérer comme le successeur de Gerson. Il fut la lumière du concile de Bâle. Énéas Sylvius parle avec admiration de sa capacité et de sa modestie [1]. Il faut reconnaître en lui le père des libertés gallicanes : après les avoir dictées l'une après l'autre à l'assemblée, il eut l'art inconcevable de les faire accepter à Rome. Son désintéressement éclate par la position médiocre dont il se contenta. Il mourut simple doyen du chapitre de Paris [2].

[1] « Thomas de Corcellis, inter litterarum sacrarum doctores « insignis, quo nemo plura ex decretis sancti concilii dictavit ; « vir juxta doctrinam venerabilis et amabilis, sed modesta quadam « verecundia semper intuens terram et velut latenti similis. » Voy. t. I du *Procès*, p. 30, note 3.

[2] *Gallia christiana*, t. VII, col. 214.

Pierre Cauchon employa de préférence à tout autre, ce jeune homme de bonne réputation et de grande espérance. Il usa envers lui d'une confiance que je ne puis croire absolue, mais qui alla certainement jusqu'à la limite extrême où la bonne foi se sépare de l'intrigue. L'ayant induit à faire de ces choses qui devaient, aux yeux du plus grand nombre, le couvrir entièrement, lui Cauchon, ou dans l'esprit des clairvoyants faire passer Courcelles pour son complice, il lui ôta tout moyen de décliner plus tard sa part de responsabilité en faisant rédiger par lui-même l'acte authentique du procès [1].

Thomas de Courcelles fut interrogé pour la réhabilitation de Jeanne en 1456 [2]. L'embarras qui règne dans toutes ses réponses est digne de pitié. Ce ne sont que réticences, hésitations, omissions; des circonstances qui devaient faire le tourment de sa mémoire, il ne se les rappelle pas; d'autres qu'il avait consignées dans sa rédaction, il les nie. Toute son étude est de donner à entendre qu'il a pris peu de part au procès. Mais cela n'est pas admissible. Il assista à presque toutes

[1] Déposition de Taquel, t. II, p. 319; de Guillaume Manchon, t. III, p. 135.

[2] T. III, p. 56.

les séances, donna son avis dans toutes les délibérations [1], travailla au réquisitoire [2], le lut [3], déposa contre Jeanne huit jours après sa mort [4], fut rétribué, au taux de vingt sous tournois par jour, d'une somme de cent treize livres [5], qui représente ainsi cent treize jours de travail (l'inquisiteur ne reçut pour sa coopération que vingt saluts d'or, ou vingt-cinq livres tournois); enfin il rédigea, comme je l'ai déjà dit, l'instrument du procès. Il le rédigea et n'eut pas le courage, dans cette rédaction, de laisser son nom partout où il se trouvait consigné sur la minute; de sorte que, dès l'issue du procès, il regrettait déjà d'y avoir tant travaillé; et l'on peut se demander si le sentiment qu'il en garda pour le reste de sa vie, fut la honte d'avoir été dupe ou le remords d'avoir capitulé par timidité sur des points qui ne lui avaient jamais paru honnêtes.

Par tout ce qui précède, j'ai voulu établir que les juges de la Pucelle n'apparurent point comme

[1] Procès, t. I, p. 30, 31, 34, 58, 69, 81, 92, 113, 188, 189, 190, 191, 194, 200, 201, 323, 337, 381, 404, 428, 454, 459, 466, 470, 478.

[2] Voy. ci-après, p. 146.

[3] T. I, p. 201.

[4] T. I, p. 483.

[5] T. V, p. 197, 200, 209.

des énergumènes poursuivant avec acharnement l'exercice d'une vengeance politique; mais qu'au contraire leur gravité connue, la considération dont jouissaient la plupart et la nature du tribunal autour duquel ils étaient rassemblés, durent produire généralement une attente mêlée de confiance et de respect[1]. On va voir que la conduite du procès ne fut pas si irrégulière, que l'opinion, favorablement prévenue, pût se modifier subitement.

XII.

Des vices de forme signalés au procès.

Le procès de la Pucelle fut fait selon le droit inquisitorial, qui était un assemblage assez confus des lois ordinaires, de décrets spéciaux et de pratiques sanctionnées seulement par l'approbation des docteurs dominicains. Malgré ses emprunts au droit commun, il s'en éloignait absolument par les principes. Ainsi la décrétale sur

[1] Ce sentiment se manifeste même au procès de réhabilitation : « Bene miratur quod tanti clerici sicut erant illi qui eam morti « tradiderunt in villa Rothomagensi, ausi fuerunt attentare in « ipsam Johannam. » *Déposition du chapelain de la Pucelle*, t. III, p. 111.

les hérétiques laissait aux juges la faculté de procéder « d'une manière simplifiée et directe, sans vacarme d'avocats ni figure de jugement [1]. » Ainsi l'oracle des inquisiteurs, Nicolas Eymeric, avait décidé que l'évêque et le juge de l'inquisition, agissant conjointement, formaient une autorité suffisante pour interpréter la loi [2].

Il faut noter cela, de même qu'en faisant usage du procès de réhabilitation, il faut tenir compte des altérations que vingt-cinq ans d'intervalle, et une révolution politique accomplie entre le jugement et sa révision, avaient apportées forcément à la physionomie des choses.

Un piége que les formes du droit pouvaient parfaitement couvrir, suffit pour procurer la condamnation de Jeanne, et ce piége, je ne pense pas que l'évêque de Beauvais eut besoin pour l'imaginer de plus d'une heure d'entretien avec sa victime. Elle était si pénétrée du sentiment de la foi, et en même temps si ignorante de ses termes [3]; elle était

[1] « Simpliciter et de plano, absque advocatorum ac judiciorum « strepitu et figura. » *Sextus Decretalium*, l. VI, tit. I, c. xx.

[2] *Directorium Inquisitorum*, quæst. 85.

[3] « C'estoit une pouvre femme assez simple, qui à grant peine « savoit *Pater noster* et *Ave Maria*. » *Déposition de Martin Ladvenu son confesseur*, t. II, p. 8. Id., *ibid.*, p. 365, et t. III, p. 166.

si convaincue que sa voix intérieure, venant de Dieu, l'emportait sur tous les autres commandements, qu'il n'était pas difficile de tirer de sa bouche des propositions malsonnantes[1]. Ces propositions, il s'agissait ensuite de les lui faire maintenir dans leur forme répréhensible, en ne l'instruisant pas des correctifs dont l'Église veut que l'on se serve en pareille matière[2]; on la condam-

[1] « Interroguée de dire s'elle se rapportera à la déterminacion de l'Église, respond : Je m'en rapporte à N. S. qui m'a envoyée, à N. D. et à tous les benoicts saincts et sainctes de Paradis. Et luy est advis que c'est tout ung de N. S. et de l'Église. » T. I, p. 175. « Elle croit bien que N. S. P. le pape de Rome et les évesques et autres gens d'Église sont pour garder la foy chrestienne et pugnir ceulx qui défaillent; mais, quant à elle, de ses faictz elle ne se submectra fors seullement à l'Église du ciel, c'est assavoir à Dieu, à la Vierge Marie et saincts et sainctes de Paradis. » *Ibid.*, p. 205. « Dit que de croire en ses révélacions, elle n'en demanda point conseil à évesque, ou curé ou aultres. » *Ibid.*, p. 274. « Interroguée se l'Église militant luy dit que ses révélacions sont illusions diaboliques, s'elle s'en raportera à l'Église, respond qu'elle s'en raportera à N. S.,... et en cas que l'Église militant luy commanderoit faire le contraire, elle ne s'en rapporteroit à homme du monde fors à N. S. » *Ibid.*, p. 325. « Je croy bien l'Église de cy bas, mais de mes fais et dis, je me actend et raporte à Dieu... Interroguée s'elle veut dire qu'elle n'ait point de juge en terre et se N. S. P. le pape n'est point son juge, respond : Je ne vous en diray autre chose, j'ay bon maistre, c'est assavoir N. S. à qui je me actend du tout, et non à autre. » *Ibid.*, p. 392 et 393.

[2] C'est ce dont un avocat de Rouen s'expliqua à merveille dès

nait sur cela; mais au moment de la condamnation, on l'amenait à se rétracter publiquement, soit par une instruction incomplète et perfide, soit par l'effet de toute autre surprise. Admise alors à la pénitence, elle ne pouvait tarder de reconnaître le malentendu et de revenir à sa première conviction : ce qui donnait aux juges le prétexte de l'abandonner à la mort comme relapse, et l'apparence d'avoir procédé contre elle avec la charité requise en des ecclésiastiques.

Telle fut la conduite du procès; et c'eût été mal en assurer la réussite que de l'entacher des illégalités flagrantes dont il serait un tissu, si l'on prenait à la lettre ce que dirent la plupart des témoins et la partie civile lors de la réhabilitation.

Arrêtons-nous aux vices de forme allégués, et essayons de les apprécier avec les yeux de la multitude qui assista aux événements de 1431, et non avec la conscience de ceux qui en déposèrent en 1456.

le commencement du procès : « Ilz la prendront par ses paroles, c'est assavoir es assercions où elle dit : *Je sçay de certain* ce qui touche les apparicions ; mais s'elle disoit *il me semble* pour icelles parolles, *je sçay de certain*, il m'est advis qu'il n'est homme qui la pût condampner. » T. II, p. 12.

XIII.

De la prison de Jeanne.

Lorsque la loi prescrivait que les accusés d'hérésie fussent détenus dans les prisons ecclésiastiques, Jeanne non-seulement fut emprisonnée, mais encore fut jugée au château de Rouen, sous la pression de l'autorité civile et militaire [1].

On peut répondre à cela que la loi n'avait pas prévu le cas où l'hérétique serait en même temps un grand capitaine prisonnier de guerre, une personne d'un ascendant tel que son aspect faisait fuir les armées. Les templiers, beaucoup moins redoutables, avaient été gardés, malgré leurs plaintes, dans les forteresses royales. Le gouvernement anglais ne se croyait donc pas répréhensible de prendre toutes les mesures pour que sa prisonnière ne lui échappât point. Il s'en cachait si peu que, feignant de s'être laissé arracher par l'Église l'autorisation de la poursuivre, il stipula par un acte qu'il voulait bien la prêter, mais non s'en dessaisir; et que, si l'Église la trouvait innocente, c'était son intention « de la

[1] Mémoire des avocats de la réhabilitation, art. IX; t. II, p. 216.

ravoir et reprendre par devers lui[1]. » Il est d'ailleurs certain que la prison de Jeanne s'adoucit du moment que le procès commença. Au lieu d'être dans une cage de fer[2], elle n'eut plus que les fers aux pieds. L'évêque de Beauvais n'aurait peut-être pas mieux demandé que de pouvoir lui épargner cette rigueur. Lorsqu'elle s'en plaignit, il chercha à lui faire jurer qu'elle ne tenterait pas de s'évader. Elle s'y refusa[3].

XIV.

Du défaut d'informations auprès du clergé français.

La justice élémentaire voulait que Jeanne, ennemie par la politique, mais non par la religion, de ceux qui voulaient scruter sa foi, fût

[1] Procès, t. I, p. 19.

[2] « Audivit a Stephano *Castille*, fabro, quod ipse construxerat « pro ea quamdam gabiam ferri in qua detinebatur correcta et « ligata collo, manibus et pedibus; et quod fuerat in eodem statu « a tempore quo adducta fuerat ad villam Rothomagensem usque « ad initium processus contra eam agitati. » *Déposition de Jean Massieu*, t. III, p. 155.

[3] « Prohibuimus eidem Johannæ ne recederet de carceribus « sibi assignatis... Ipsa vero respondit quod non acceptabat illam « inhibitionem, dicens ulterius quod, si evaderet, nullus posset « eam reprehendere quod fidem suam fregisset, quia nulli unquam « fidem dederat. » T. I, p. 47.

admise à faire valoir les bons témoignages déjà portés sur elle par une autre fraction du clergé français.

C'est l'objection que firent d'abord à Pierre Cauchon deux des personnes qu'il consulta [1], et il en montra plus que de la mauvaise humeur. Mais son courroux ne prouve pas qu'il ait contesté le principe; il prouve seulement qu'on le contrariait dans sa manière de l'entendre. Il pouvait dire en effet que, puisque le débat avait été amené sur le terrain neutre de la religion et que le tribunal n'était plus celui d'un parti, mais celui de la chrétienté, c'était à ceux qui avaient la présomption favorable d'apporter leurs raisons. Il pouvait aller plus loin encore, et prétendre que le clergé de Charles VII, abusé dans le principe, était depuis revenu de son erreur; car autrement, comment expliquer qu'aucune communication ne fût venue de sa part ou de celle du roi, lorsque Regnauld de Chartres, premier fonctionnaire du royaume à la fois dans l'ordre judiciaire et dans l'ordre ecclésiastique, se trouvait être précisément celui qui avait prononcé

[1] Jean Lohier et Nicolas de Houppeville. Procès, t. II, p. 11; t. III, p. 171.

en faveur de la Pucelle, étant l'organe de la commission de Poitiers; que de plus, il était, par sa position d'archevêque de Reims, métropolitain de l'évêque de Beauvais? Comment, même en supposant une répugnance invincible du gouvernement français à entamer des ouvertures auprès d'un pouvoir ennemi, comment expliquer qu'il n'eût pas suscité d'obstacles du côté de Rome à un procès d'église annoncé depuis sept mois, commencé avec un éclat et une lenteur sans exemple? Certainement Cauchon fut homme à faire valoir ces raisons et d'autres encore. Néanmoins, comme il voulait se donner le vernis d'un juge bienveillant, l'objection élevée contre lui paraît l'avoir tourmenté à tel point qu'il finit par simuler l'initiative qu'on lui avait reproché de ne pas prendre dès le commencement. Par deux fois (le 2 et le 9 mai 1431) il offrit à l'accusée de s'en rapporter au témoignage de l'archevêque de Reims. Comme c'était dans un cas où il eût été dangereux pour elle d'accepter, elle éluda par un faux-fuyant qui équivalait à un refus [1]. Cela

[1] « Interroguée se du signe baillé au roy, elle se veult rapporter à l'arcevesque de Rains, au sire de Boussac, Charles de Bourbon, La Tremoulle et Lahire,... respond : Baillez ung messagier et je leur escripray de tout ce procès. Et autrement

enhardit Cauchon à lui proposer la médiation de plusieurs clercs de son parti, puis celle de l'église de Poitiers tout entière. Après une autre réponse évasive, elle coupa court en incriminant son interlocuteur du piége qu'il lui tendait [1]. Qu'on juge la force que durent donner à un pharisien de pareilles choses consignées dans l'acte authentique du procès.

XV.

De l'instruction du procès.

Les poursuites contre les prévenus d'hérésie devaient commencer par une instruction préliminaire : formalité qui n'eut pas lieu à l'égard de Jeanne, quoiqu'elle soit mentionnée au procès comme ayant eu lieu.

Voilà ce que disent les avocats de la réhabili-

ne s'y est voulu croire ne rapporter à eulx. » T. I, p. 396. « Du signe de la couronne qu'elle dit avoir esté baillé à l'arcevesque de Rains, interroguée s'elle se veut rapporter à luy, respond : Faictes le y venir et que je l'oe parler, et puis je vous respondray, ne il n'oseroit dire le contraire de ce que je vous en ay dit. » *Ibid.*, p. 401.

[1] « Interroguée se à l'église de Poictiers où elle a esté examinée, elle se veult rapporter et submeictre, respond : Me cuidez-vous prandre par ceste manière et par cela attirer à vous ? » *Ibid.*, p. 397.

tation et, d'après eux, ce qu'ont répété divers auteurs [1]. Mais l'irrégularité est loin de se montrer aussi grossière quand on dissèque les passages de l'un et de l'autre procès qui ont trait à cette instruction soi-disant supprimée.

D'abord il est prouvé autant que peut l'être chose humaine, qu'il y eut des informations de faites par ordre du gouvernement anglais à Domremy et dans les paroisses circonvoisines. Non-seulement quantité de personnes avaient mémoire de cela en 1455 [2], mais on recueillit de la bouche même de l'un des commissaires employés à cette opération, des détails sur la façon dont il y avait été procédé [3]. Aussi le promoteur de la réhabilitation corrigea-t-il le dire des avocats. Au lieu de nier les informations, il prétendit seulement qu'elles avaient été écartées comme trop favorables à la prévenue [4].

[1] Articles 5 et 6 de leur Mémoire. Procès, t. II, p. 215.

[2] Dépositions de Dominique Jacob, de Béatrix Estellin, de Perrin le Drapier, de Michel Lebuin, de Jean Jaquard, de Jean Moreau. T. II, p. 394, 397, 414, 441, 463; t. III, p. 193.

[3] Déposition de Nicolas Bailly, lieutenant de la prévôté d'Andelot, t. II, p. 453.

[4] « Quæ (informationes) etsi factæ fuerint, in processu positæ « non fuerunt, quum, ut præsumitur, facerent ad ipsius Johannæ « justificationem. » *Exposition de la requête du promoteur,* Procès, t. II, p. 200.

Je vais corriger à mon tour le dire du promoteur.

Thomas de Courcelles et Guillaume Manchon, auteurs de l'instrument de la condamnation, y ont consigné qu'à la date du 13 janvier 1431, Pierre Cauchon fit lire devant plusieurs chanoines de Rouen des informations, *informationes*, recueillies dans le pays de Jeanne et ailleurs; qu'ensuite ces informations furent livrées à des docteurs ainsi qu'aux greffiers de la cause, dont Manchon était un, pour être réduites méthodiquement en faits et articles [1]; que le 23 janvier, la réduction étant faite, il fut enjoint à un assesseur, aidé des mêmes greffiers, de rédiger l'instruction, *informatio præparatoria* [2]; que ce travail s'exécuta les 14, 15 et 16 février [3]; enfin, que le 19 février, les faits et articles, aussi bien que les dépositions de témoins d'où ils étaient extraits, furent lus en présence de Thomas de Courcelles et autres universitaires nouvellement arrivés de Paris [4].

Maintenant Thomas de Courcelles, interrogé en 1456, « ne sait pas si des informations pré-

[1] Procès, t. I, p. 28.
[2] *Ibid.*, p. 29.
[3] *Ibid.*, p. 31.
[4] *Ibid.*, p. 32.

paratoires eurent lieu à Rouen ou dans le pays de Jeanne, et dit qu'il n'a pas pu les voir, parce que c'était tout au commencement du procès. Et sur ce qu'on lui exhiba le procès, où il est précisé que certaines informations furent lues en sa présence, il dit qu'il n'avait pas mémoire d'en avoir jamais ouï lire aucune[1]. »

Guillaume Manchon, interrogé sur le même point, dépose que « bien qu'il soit relaté au procès que les juges disaient avoir fait faire des informations, informations qu'il ne se rappelle en aucune manière avoir vues ou lues, il sait pourtant de certain que si elles avaient été produites, il les aurait insérées au procès[2]. »

De deux choses l'une pourtant : ou Thomas de Courcelles et Manchon ont consenti à s'inscrire au procès, l'un comme acteur, l'autre comme témoin de choses qu'ils n'ont ni faites ni vues, et ils ont commis un faux en 1431 ; ou la formalité de l'instruction a été remplie comme le porte l'instrument du procès, et ils ont menti en 1456.

Je vais sans doute trop loin en les accusant d'avoir menti ; car en définitive ils disent beau-

[1] Procès, t. III, p. 57.

[2] T. III, p. 136.

coup moins qu'ils ne semblent dire. Que résulta-t-il en effet de leurs réponses? Que Thomas de Courcelles cherche à équivoquer sur les mots *informatio præparatoria*, qui, dans la langue judiciaire de l'époque, signifiaient à la fois l'instruction et les informations sur lesquelles l'instruction reposait; que, mis au pied du mur, il ne se rappelle plus rien; que Manchon a également perdu toute mémoire en tant qu'il s'agit d'avoir vu, tenu, copié et recopié les documents en question; mais qu'il ne nie pas la confection de l'acte; qu'il se borne à en induire la non-production de ce que l'insertion n'a pas eu lieu.

Cela nous apprend auquel il faut se rendre des deux termes de l'alternative posée précédemment. Les documents de l'instruction ont été produits, mais n'ont pas été insérés. Là seulement réside l'irrégularité, et Thomas de Courcelles en est coupable autant que l'évêque de Beauvais. Pour son honneur et pour celui des autres conseillers, on peut ajouter, je crois, que cette suppression n'eut pas la valeur qu'on lui attribue dans le procès de réhabilitation.

Il faut établir ici un fait qui a échappé à tous les auteurs qui ont consulté le procès de la Pucelle : c'est que cette fameuse instruction, qui passe pour anéantie, nous a été en grande partie conservée dans le réquisitoire en soixante-dix articles présenté par le promoteur. Là se trouvent énoncés tout au long les faits sur lesquels portèrent les interrogatoires [1]. Ce sont, pour le dire en passant, ou des actes incontestables de la vie de Jeanne, ou des propos insignifiants tenus sur son compte. Les uns sont évidemment le produit des informations faites à Domremy, les autres proviennent d'autres lieux; mais tous ils ont l'air d'avoir été recueillis dans des pays d'obédience française : chose digne de remarque, et qui serait encore un indice du soin qu'on mit à respecter la lettre de la loi. La loi défendait de recevoir la dénonciation des ennemis capitaux [2]. On se couvrit de ce côté en fondant les poursuites sur des rapports souvent sans conséquence, mais dont la source éloignait le soupçon d'hostilité. Autrement, rien eût-il été plus facile que de faire dire par cent mille personnes toutes les horreurs imaginables sur Jeanne d'Arc?

Reste à savoir pourquoi l'instruction ne fut pas insérée au procès.

Le cas de Jeanne avait été qualifié de ceux que

[1] Procès, t. I, p. 204 à 322.

[2] *Malleus maleficarum*, pars III, quæst. 4.

dénonce le cri public[1]. Or la procédure inquisitoriale réduisait presque à rien l'instruction de ces sortes d'affaires. Il suffisait à la rigueur de trois ou quatre témoins attestant la commune renommée[2]. Toutefois le juge n'était pas dispensé de citer ces témoins pour les récoler, après qu'il avait reçu leur déposition de ses commissaires.

Au contraire de ces prescriptions, l'évêque de Beauvais fit interroger beaucoup de témoins et n'en cita aucun. On insinue au procès de réhabilitation que c'est parce que les dépositions des témoins étaient en faveur de l'accusée. Il dut sans doute y en avoir de telles dans le nombre, mais le réquisitoire prouve qu'il y en eut aussi de défavorables. Celui, par exemple, qui livra la correspondance de Jeanne et du comte d'Armagnac insérée dans ce réquisitoire[3], n'était pas un témoin à décharge. Eh bien, les Français qui commirent de telles bassesses, auraient-ils osé aller à Rouen soutenir leur rôle odieux? Mille impossibilités durent être alléguées par eux-mêmes pour obtenir de n'être pas cités; et comme la jurisprudence inquisitoriale autorisait

[1] « Processus inceptus laborante infamia. »

[2] *Directorium inquisitorum*, pars III, c. LXXVIII et LXXIX.

[3] Procès, t. I, p. 245 et 246.

à tenir secrets les témoins [1], et que dans le cas présent les citer eût été rendre le secret impossible, à cause du voyage, de l'autorisation préalable des deux gouvernements, etc., etc., Pierre Cauchon eut de bonnes raisons pour obtenir le consentement des assesseurs à la non-citation.

Maintenant, qu'on se reporte au moment où le procès fut rédigé. Jeanne était morte [2]. La sentence portée contre elle avait eu pour fondement non pas les dires des témoins, mais seulement les paroles tirées de sa bouche dans le cours du jugement. Puisque l'instruction avait en quelque sorte fondu aux débats, à quoi bon en surcharger l'instrument du procès? Présente, elle nécessitait des explications épineuses pour justifier le défaut de citation; absente, elle ne diminuait pas la force des aveux livrés spontanément par l'accusée, ni par conséquent ne viciait la procédure continuée d'après ces aveux. Cela est si vrai que ce n'est pas tant à cause de son absence qu'on se récrie au procès de réhabilitation, qu'à cause des conclusions tirées de son absence. Or, ces

[1] Eymeric, *Directorium inquisitorum*, quæst. 81.

[2] « Dicit quod hujusmodi processus fuit redactus in forma in « qua est, per magnum temporis spatium post mortem ipsius « Johannæ. » *Déposition de N. Taquel*, t. III, p. 196.

conclusions ne se trouvent être justes ni dans la bouche des avocats, ni dans celle du promoteur.

Je viens de raisonner dans l'hypothèse où le tribunal de Rouen se serait réglé sur la jurisprudence de Nicolas Eymeric. J'ajoute, pour terminer, que je trouve à la fin du XVe siècle la pratique simplifiée de telle sorte que, si elle avait déjà subi ce changement du temps de la Pucelle, l'évêque de Beauvais serait encore plus à couvert. Le *Malleus maleficarum*, composé en 1484, saisit en effet le juge inquisiteur de la poursuite, par le fait seul que son oreille a été frappée du cri public et sans qu'il ait à interroger de témoins[1]. Armé d'un pouvoir comme celui-là, Cauchon se serait dispensé à titre légitime de publier l'instruction; car s'il en avait fait faire une, ce n'était pas comme formalité requise, mais comme un surcroît de précaution, à raison duquel il était en droit de réclamer pour son procès le bénéfice de l'axiome : « Ce qui abonde ne vicie pas.»

XVI.

De la correction des Douze articles.

Les douze articles qui furent publiés comme

[1] *Pars III*, quæst. 1.

résumant la doctrine religieuse de Jeanne, et qui amenèrent sa condamnation [1], auraient dû recevoir, d'après l'indication précise des assesseurs, un certain nombre de corrections dont aucune ne fut faite.

L'exact et judicieux de l'Averdy a cru établir ce fait d'après les aveux des témoins de la réhabilitation [2], lorsqu'en réalité il reproduisait seulement une assertion fort gratuite de la partie civile [3]. Les témoins, aussi peu sincères sur ce point que sur le précédent, ne firent qu'environner de nuages ce qui se passa [4]. Le dernier mot des greffiers de la cause, qui nécessairement en savaient plus long que personne sur ce point, c'est qu'ils « ne croyaient pas » que les corrections eussent été effectuées [5]. Mais en même temps qu'ils émettaient cette conjecture, ils opéraient

[1] Procès, t. I, p. 328.

[2] Notices et extraits des manuscrits, t. III, p. 411.

[3] « Producunt certum folium... in quo continentur expressæ « multæ correctiones in articulis mittendis pro opinionibus haben- « dis; quæ correctiones, licet conclusæ a consiliariis, non tamen « sunt factæ. » Procès, t. III, p. 237.

[4] Dépositions de Courcelles, t. III, p. 60; Manchon, *ibid.*, p. 143; Taquel, *ibid.*, p. 196.

[5] « Si hujusmodi correctio fuerit addita in articulis missis tam « Parisius quam alibi ad opinantes, nesciunt; tamen credunt « quod non. » T. III, p. 144.

le dépôt au tribunal d'un feuillet contenant les corrections qui devaient être apportées à la rédaction primitive des articles [1]. Or, la teneur de ce feuillet a été insérée dans l'instrument de la réhabilitation [2], et en la conférant avec la rédaction définitive des douze articles, il demeure établi qu'on fit droit au plus grand nombre des corrections indiquées. Ainsi, c'est d'après une distinction demandée sur le feuillet, que les articles, qui n'étaient d'abord qu'au nombre de onze, furent portés à douze. En somme, les corrections proposées montaient à quinze : on en fit cinq dans les termes mêmes du feuillet; six autres eurent lieu avec modification; quatre ne furent pas reçues. Il n'est donc pas équitable d'alléguer cette illégalité si grossière, qui aurait consisté à émettre, sous une forme non autorisée par les assesseurs du tribunal, une pièce aussi capitale que les douze articles. Vraisemblablement elle fut corrigée en commun, et le mystère affecté par les témoins de la réhabilitation, au lieu d'impliquer l'escamotage des corrections, ne fait que couvrir la manière dont on les exécuta.

Autant qu'il m'est permis de voir au milieu

[1] Procès, t. III, p. 143.
[2] T. III, p. 238.

de ces ténèbres, les docteurs de Paris ouvrirent l'avis de réduire à un petit nombre d'articles de doctrine les réponses sur lesquelles s'appuyaient les soixante-dix chefs du réquisitoire [1]. L'un d'entre eux, Nicole Midi, fit le premier travail : Thomas de Courcelles « croit pouvoir l'induire de conjectures très-probables [2]. » Un autre, qu'on ne nomme pas, proposa les corrections sur le projet de Midi, recopié par Manchon [3]. Un autre, Jacques de Touraine, tenait la plume dans le comité où l'on fit droit à une partie des corrections : ce dernier fait ressort d'un passage très-obscur de la réhabilitation, qui constate le dépôt au greffe d'une copie des douze

[1] « Fuit conclusum per consiliarios et maxime per illos qui « venerant de Parisius quod, ut moris erat, ex omnibus articulis « et responsionibus oportebat facere quosdam parvos articulos, ad « recolligendum materiam in brevi, ut melius et celerius fierent « deliberationes. Et propter hoc fuerunt facti illi XII articuli. » *Déposition de Manchon*, t. III, p. 143.

[2] « Fuerunt facti et extracti certi articuli, numero XII... ut sibi « videtur ex verisimilibus conjecturis, per defunctum magistrum « Nicolaum Midi. » T. III, p. 60.

[3] « Ostensa eidem loquenti quadam notula manu sua scripta, « ut asseruit ipse loquens,... in qua notula in gallico contenta in « processu, expresse habetur quod hujusmodi XII articuli non « erant bene confecti, et ob hoc veniebant corrigendi. » *Interrog. de Manchon*, t. III, p. 143.

articles couverte de ratures et d'additions par ledit Jacques de Touraine, copie, ajoute-t-on, qui était si surchargée qu'on a dû renoncer à la transcrire[1]. Enfin, Manchon avoue implicitement avoir fait les expéditions du texte définitif, disant qu'il se rapporte du contenu aux rédacteurs, qu'il n'eût point osé contredire[2].

Je n'ai pas à examiner en elle-même la rédaction des douze articles. Il nous reste quantité de mémoires écrits par des théologiens du xve siècle, qui prouvent que les assertions contenues dans ces articles sont contrariées par d'autres paroles sorties de la bouche de Jeanne[3]. Ceux des docteurs de Paris qui vivaient encore en 1456 purent alors reconnaître cela, et ne s'en être pas aperçus au moment même où ils opéraient, en 1431. Ils

[1] « Ulterius ad dictorum articulorum falsificationem ostendendam actores produxerunt quinque folia papyrea manu magistri Jacobi de Turonia, ut dicitur, scripta, ubi ponuntur « articuli pro opinionibus quærendis transmittendi, sub alia et « contraria in multis forma, cum multis additionibus et correctionibus. Quæ quidem quinque folia.... ad verum transcribi vel « grossari non possent, dictis additionibus tam in margine foliorum « quam alias factis. » T. III, p. 232.

[2] « De ipsis XII articulis se refert ad compositores, quibus non « fuisset ausus contradicere, nec ipse, nec socius suus. » T. III, p. 143.

[3] Procès, t. II, p. 22, 212; t. III, p. 306; t. V, p. 461.

n'avaient pas le calme d'esprit nécessaire pour entreprendre ce travail si délicat, qui consiste à faire tenir en quelques propositions abstraites le sens de la conduite et des discours d'un individu. Sans les accuser d'une intention criminelle, on peut dire que la procédure inquisitoriale qui soumettait des hommes prévenus comme eux à une telle épreuve, les plaçait dans l'impossibilité de ne pas faillir.

XVII.

De l'absence d'avocat au procès.

Ce fait qui nous paraît être d'une monstrueuse iniquité, avait sa justification dans la manière de procéder contre les hérétiques. J'ai déjà cité la décrétale qui dispense les juges inquisiteurs du *strepitus advocatorum*. Le *Directorium* d'Eymeric explique d'une manière plus positive que, l'avocat de l'hérétique n'ayant qu'à aider son client dans la recherche des témoins à charge dont on lui cachait les noms, si l'hérétique avouait, il était superflu de lui accorder un avocat[1]. L'évêque de Beauvais, vu son dessein de ne pas échafauder le jugement sur le dire des témoins, mais

[1] *Pars III*, c. CXVII.

de s'arrêter seulement aux paroles tirées de la bouche de Jeanne, se trouva dans la légalité établie par le *Directorium*. D'ailleurs on n'a pas remarqué qu'au moment où les débats commencèrent à être amenés sur le terrain de la doctrine, il se départit de la rigueur de la loi en offrant un conseil à l'accusée. Cette offre est consignée au procès-verbal du 17 mars avec la réponse de Jeanne, qui remercia, disant qu'elle s'en tenait au conseil de Notre-Seigneur [1]. Et il n'y a pas à contester la qualité de l'offre par le motif qu'on bornait le choix de l'accusée aux personnes évoquées pour le jugement. On lui faisait en cela la condition plus douce encore que la pratique inquisitoriale ne le comportait. Le choix de l'avocat n'appartenait pas au prévenu, mais bien au juge, qui n'avait qu'à lui désigner un homme probe et loyal[2]; or, il s'en était révélé de tels à Jeanne d'Arc elle-même dans le nombre des assistants [3]. Enfin, lorsque la question de mort se posa pour elle, on lui donna d'office des conseils [4].

[1] Procès, t. I, p. 201.

[2] *Malleus maleficarum*, pars III, quæst. 10.

[3] Par exemple Isambard Delapierre.

[4] Procès, t. I, p. 386, 392, 439; t. II, p. 343, 351.

XVIII.

D'un faux confident aposté auprès de Jeanne.

Un chanoine de Rouen, nommé Loiselleur, consentit à s'introduire auprès de Jeanne sous un déguisement, et à surprendre sa bonne foi pour l'égarer par de perfides conseils. Ce fait est redit avec horreur par tous ceux qui en déposent dans la réhabilitation; et le misérable qui s'était chargé d'un pareil rôle, en mourut plus tard de honte et de remords [1]. Si funeste que sa supercherie ait pu être à l'accusée, j'ai regret à dire que, dans la forme, elle eut encore son excuse. Elle fut couverte par une pratique usitée jusqu'aux derniers temps de l'inquisition, et qu'on trouve déjà consignée dans le traité des poursuites contre les Albigeois : « Que nul n'approche l'hérétique, si ce n'est de temps à autre deux personnes fidèles et adroites qui l'avertissent avec précaution et comme si elles avaient compassion de lui, de se garantir de la mort en confessant ses erreurs, et qui lui promettent que, s'il le fait, il pourra échapper au supplice du feu; car la crainte de la mort et l'espoir de la

[1] Procès, t. III, p. 60, 133, 141, 162.

vie amollissent quelquefois un cœur qu'on n'aurait pu attendrir autrement [1]. »

XIX.

De prétendues altérations dans la lettre de Jeanne aux Anglais.

Lorsqu'on lut à Jeanne la copie de la lettre qu'elle avait écrite aux généraux anglais avant son entrée à Orléans, elle contesta l'authenticité de trois passages [2]. Pour cette phrase : « Rendez à la Pucelle, qui est ici envoyée de par Dieu, les clefs de toutes les bonnes villes que vous avez prises et violées en France, » elle insinua qu'elle avait dicté : « Rendez au roi. » Plus loin la copie porte : « Je suis chef de guerre; » elle nia que « chef de guerre » fût dans l'original. Elle en dit autant des mots « corps pour corps, » qui donnent une tournure si hardie à cette autre assertion : « Je suis ici envoyée de Dieu, le roi du ciel, corps pour corps. »

Je me suis donné la peine de recueillir dans l'édition du procès cinq textes différents de la lettre aux Anglais [3]. Trois de ces textes se trou-

[1] *Tractatus de hæresi pauperum de Lugduno*, ap. Martene, *Thesaurus anecd.*, t. V, col. 1787.

[2] Procès, t. I, p. 55.

[3] Voy. t. V, p. 95.

vent dans les auteurs français les mieux disposés à l'égard de la Pucelle; le quatrième est une copie expédiée par un partisan de Charles VII au moment même de l'envoi de l'original. Tous les quatre sont conformes à la leçon du procès : ils contiennent les mots contestés. Les ennemis ne sont donc point coupables des falsifications, si falsification il y a.

XX.

De l'abjuration ou rétractation de Jeanne.

La rétractation de Jeanne est attestée au procès par une pièce en français signée d'une croix et de son nom, où elle s'accuse d'avoir enfreint l'Écriture sainte et les lois de l'Église, d'avoir simulé ses apparitions, d'avoir porté à tort l'habit d'homme et exercé de son chef le métier des armes [1].

Selon le procès-verbal, elle prononça les termes de cette rétractation, puis en signa l'acte, en présence du peuple de Rouen, dans la fameuse scène préparée à cet effet devant l'église de Saint-Ouen. Jeanne était sur une estrade élevée où se tenaient à côté d'elle Guillaume Érard, l'appari-

[1] T. I, p. 447.

teur, les greffiers de la cause et encore d'autres personnes.

Toute autre chose se passa d'après ce que donnent à entendre les témoins de la réhabilitation[1]. La formule que l'on fit prononcer à l'accusée n'était pas celle qu'on lit au procès. Celle-ci est longue; l'autre n'avait que cinq ou six lignes. Pour ce qui a trait à la signature, ils sont inintelligibles. Selon eux, après bien des difficultés, Jeanne signa d'une croix; mais quoi, la longue ou la courte formule? La déposition en apparence très-explicite d'un chevalier là présent, augmente l'incertitude au lieu de la dissiper[2]. Ce témoin vit un secrétaire du roi d'Angleterre, nommé Laurent Callot, tirer de sa manche un petit papier tout écrit, qu'il présenta à la Pucelle. Notez que, suivant une autre déposition, Laurent Callot, loin d'être sur l'estrade, faisait tumulte dans la foule avec les Anglais, indignés que le bourreau ne fît pas incontinent son devoir[3]. Le chevalier ajoute que Jeanne ayant pris une plume, traça un rond au bas du papier, et que cela ne paraissant pas suffire au prétendu Lau-

[1] Procès, t. III, p. 52, 61, 123, 147, 157, 164, 194, 197.

[2] Déposition d'Aimon de Macy, t. III, p. 123.

[3] Déposition de Jean Marcel, t. III, p. 90.

rent Callot, il lui saisit la main, et lui fit écrire quelque chose dont le témoin n'avait pas mémoire.

Tant de circonstances difficiles à accorder ont donné naissance à deux hypothèses : l'une, que l'on fit prononcer et signer à Jeanne une rétractation différente de celle qui est au procès [1]; l'autre, qu'on lui fit signer subrepticement la formule insérée parmi les actes, après qu'elle en eut prononcé une autre, dont les termes n'étaient pas conformes [2].

Ces deux suppositions, selon moi, impliquent une supercherie trop grossière, pour qu'on en admette aucune. Cauchon ne se serait point hasardé à une fabrication, ni même à une substitution de pièce, où il aurait eu besoin de la complicité de beaucoup de personnes. Bien plus, la preuve existe que Jeanne fut instruite, sur la place Saint-Ouen, des points capitaux que contient la pièce du procès. Dans l'interrogatoire qui précéda son supplice, les juges lui rappelèrent tous ces points, celui notamment qui concernait la fausseté de ses apparitions. Elle ne nia pas, seulement elle répondit qu'elle ne l'avait pas entendu ainsi ; mais

[1] Conclusions du promoteur de la réhabilitation, t. III, p. 273.

[2] De l'Averdy, Notices des manuscrits, t. III, p. 426.

avant de se couvrir par cette allégation, elle avait fait des aveux bien plus significatifs, en disant qu'elle avait commis une faiblesse pour sauver sa vie; que Dieu lui en avait fait reproche par ses voix; qu'elle s'était exposée à la damnation de son âme, qu'elle s'en repentait; et comme pour ne pas laisser de doute sur la lucidité de sa conscience au moment où elle s'était rétractée, elle ajouta que ses voix l'avaient avertie à l'avance du péché où elle tomberait[1].

Par là s'atténuent singulièrement les conclusions qu'on peut tirer des propos si graves, en apparence, des témoins. S'il y a eu réellement deux copies différentes de la formule, l'une

[1] « Interroguée se, depuis jeudi (jour de l'abjuration), elle a point ouy ses voix : respond que ouil... que Dieu luy a mandé par sainctes Katherine et Marguerite, la grande pitié de la trayson que elle consenty en faisant l'abjuracion et revocacion pour sauver sa vie; et que elle se dampnoit pour saulver sa vie. Item, dit que, audevant de jeudi, ses voix lui avoient dit ce que elle feroit et qu'elle fit ce jour... Item, dit que ses voix luy ont dit depuis que avoit fait grande mauvestié de ce qu'elle avoit fait, de confesser qu'elle n'eust bien fait. Item, dit que de paour du feu, elle a dit ce qu'elle a dit... Et quant ad ce que luy fut dit que en l'escharfault avoit dit que mensongneusement elle s'estoit vantée que c'estoient sainctes Katherine et Marguerite : respond qu'elle ne l'entendoit point ainsi dire ou faire,... et que ce qui estoit en la cédulle de l'abjuracion, elle ne l'entendoit point. » *Dernier interrogatoire*, t. I, p. 456, 457, 458.

courte et l'autre longue, c'est que la première, destinée à être prononcée, contenait seulement les termes de la rétractation, tandis que l'autre, devant être transcrite dans un document solennel, était amplifiée d'un protocole et de considérations finales dans le style théologique du temps; et telle se présente dans son développement la pièce du procès : la rétractation proprement dite s'y réduit à un petit nombre d'articles qui pouvaient tenir en cinq ou six lignes d'écriture.

Si, d'un autre côté, Jeanne montra beaucoup d'hésitation avant de signer, c'est qu'elle combattait entre sa volonté et ce fatal pressentiment de faillir, qui avait parlé en elle les jours précédents. Les cris de la multitude et les sollicitations ou les menaces de Guillaume Érard achevèrent de la vaincre. Elle signa en traçant la croix dont déposent la plupart des témoins, et qui existe au bas de l'acte du procès. Si ensuite on vit quelqu'un lui prendre la main pour la faire écrire : c'est que les juges voulaient que sa rétractation fût en aussi bonne forme que ses lettres qu'elle s'était habituée à revêtir de son seing dans les derniers temps de sa carrière [1]; de là la pièce signée *Jehanne*, quoiqu'elle ne sût pas écrire.

[1] L'original de sa lettre au comte d'Armagnac, qui faisait partie

Quant à l'obscurité des témoins sur tous ces faits, je l'explique par une affectation d'ignorance, qui tendait à dissimuler l'aberration passagère de la Pucelle : comme si sa grande vertu n'éclatait pas davantage par cette faute, qu'elle racheta aussitôt après en faisant le sacrifice de sa vie.

XXI.

D'une information faite après la mort de Jeanne.

Plusieurs jours après le supplice de la Pucelle, Pierre Cauchon fit déposer sept témoins, la plupart conseillers, sur certaines paroles qu'elle avait dites en sa présence, le matin de sa mort. Ces dépositions sont enregistrées au procès [1], mais placées à la suite des attestations des greffiers, de sorte qu'elles n'ont d'autre authenticité que d'être rédigées dans la même forme, et écrites sur les originaux, de la même main que le reste du jugement.

du dossier de l'instruction, était signé de la sorte. La ville de Reims en possédait jadis une autre adressée à ses habitants et également signée. On en a trouvé dernièrement une troisième dans les archives de la ville de Riom ; j'en ai fait exécuter le fac-simile pour l'édition des Procès. Ces trois lettres sont postérieures au sacre de Charles VII. *Procès*, t. I, p. 245 ; t. V, p. 147 et 160.

[1] T. I, p. 477.

D'abord cela dut être pris pour un éclaircissement extrajudiciaire; et l'intention des juges était si bien qu'on en eût cette idée, qu'ils firent copier à la suite divers actes officiels rendus en conséquence de leur arrêt. Mais une révélation ultérieure éveilla plus tard de graves soupçons : Manchon déclara que l'information posthume ayant été présentée à sa signature, il avait refusé de la signer parce qu'elle faisait foi de choses dont il n'avait pas été témoin[1].

Du refus de Manchon, et de ce que les propos attribués à Jeanne dans l'information posthume, ont un certain air de calomnie, M. de l'Averdy a conclu que la pièce était fausse de tout point, fabriquée pour déshonorer Jeanne après sa mort[2].

Je dirai à cela ce que j'ai déjà dit plusieurs fois : un habile homme comme l'évêque de Beauvais, exagère ou réduit la vérité; il ne forge pas de toutes pièces le mensonge. Aussi bien l'information posthume ne peut pas être une pure invention; d'abord parce que le témoignage de Courcelles, le rédacteur du procès, y est allégué;

[1] Procès, t. II, p. 14.

[2] Notices des manuscrits, t. III, p. 447 à 460.

ensuite parce qu'elle fut admise par le plus considérable des docteurs consultés lors de la réhabilitation[1].

Il y a plus. Malgré la tournure visiblement malveillante donnée aux paroles de Jeanne, il s'en faut qu'elles aient une portée fâcheuse contre son caractère. Elles prouvent au contraire qu'en face de la mort, la pauvre fille soutint plus fermement que jamais le fait de ses apparitions; mais humiliée devant ses juges par l'espoir d'obtenir d'eux la communion, obsédée de leurs raisonnements, ne sachant elle-même comment accorder un espoir de délivrance où l'avaient entretenue ses voix[2] avec la nécessité de mourir dressée inévitablement devant elle, elle admit un

[1] Par Théodore de Leliis, dans le Sommaire de la cause (*Procès*, t. V, p. 427) et dans son Mémoire consultatif (*ibid.*, t. II, p. 26), où il fait valoir la constance avec laquelle Jeanne soutint la réalité de ses apparitions : « Ut patet ex attestationibus positis in fine pro« cessus. »

[2] « Oportebit semel quod ego sim liberata. » T. I, p. 88. « Ipsæ « (voces) dixerunt mihi quod essem liberata; sed nescio diem « neque horam. » *Ibid.*, p. 94. « Respond que saincte Katherine luy a dit qu'elle auroit secours, et qu'elle ne sçait se ce sera à estre délivrée de la prison, ou, quant elle seroit au jugement, s'il y viendroit aucun trouble, par quel moyen elle pourroit estre délivrée, et pense que ce soit ou l'un ou l'autre. » *Ibid.*, p. 155.

moment que son sublime instinct avait pu la tromper[1]. Je m'empresse d'ajouter que, dans la méditation qui suivit l'accomplissement de ses devoirs religieux, un trait de lumière traversa son esprit et lui permit enfin de concilier ce qui avait fait la foi de sa vie avec ce qui faisait le scrupule des hommes. On l'entendit s'écrier dans les flammes que ses voix ne l'avaient pas déçue[2]. Son confesseur, qui nous instruit de cela, est précisément de ceux qui avaient témoigné de la parole contraire prononcée le matin; et M. Michelet, le premier qui ait admis la possibilité de cette contradiction, l'a merveilleusement expliquée : « Elle accepta la mort pour la délivrance promise; elle n'entendit plus le salut au sens matériel, comme elle avait fait jusque-là; elle vit clair enfin, et sortant des ombres, elle obtint ce

[1] « Dixit et confessa est quod ipsa cognoscebat quod per voces « et apparitiones,... decepta fuerat, quoniam dictæ voces promi« serant eidem Johannæ quod liberaretur et expediretur a carce« ribus, et bene percipiebat contrarium. » *Dépos. de Martin Ladvenu*, t. I, p. 478. Même témoignage de la part de Pierre Morice, Jean Toutmouillé, Jacques le Camus, Thomas de Courcelles, Nicolas Loiselleur. *Ibid.*, p. 480, 481, 482, 483, 484.

[2] « Usque ad finem vitæ suæ manutenuit et asseruit quod voces « quas habuerat erant a Deo,... nec credebat per easdem voces « fuisse deceptam. » *Dépos. de Martin Ladvenu*, t. III, p. 170.

qui lui manquait encore de lumière et de sainteté[1]. »

L'information posthume peut donc être admise quant au fond; mais je lui découvre un caractère si différent de celui qu'elle affecte, que sa forme devient pour moi un problème insoluble.

Elle est donnée comme le résultat d'une conversation fortuite, lorsqu'en réalité il faut y voir les lambeaux d'un dernier interrogatoire subi par l'accusée. Cela est prouvé par l'un des greffiers, Nicolas Taquel, qui dit, dans les enquêtes préliminaires de la réhabilitation, s'être trouvé le matin du supplice dans la chambre où eurent lieu les interrogatoires[2]. Il y eut donc interrogatoire le matin du supplice, quoique le procès-verbal de la journée n'en dise rien. Bien plus, le procès-verbal de la veille nous apprend qu'une dernière démarche devait être tentée effectivement auprès de l'accusée[3]. Dans la dernière délibération du tribunal, on voit trente-neuf conseillers, sur quarante-deux, prononcer le cas de rechute, en ajou-

[1] Histoire de France, t. V, p. 174.

[2] « Venit loquens post susceptionem (eucharistiæ) in camera « qua fuerunt interrogationes factæ. » *Procès*, t. II, p. 320.

[3] T. I, p. 460 et suiv.

tant qu'il serait bon de remémorer à la relapse les termes de sa rétractation. Comme le vœu d'une si grande majorité était un devoir pour l'évêque de Beauvais, il se rendit auprès de Jeanne quelques heures avant sa mort, et lui parla certainement de sa rétractation; car il n'y a qu'une remontrance à ce sujet qui ait pu amener les paroles relatées dans l'information posthume.

Mais pourquoi s'abstint-on de consigner au jugement une formalité aussi importante, dont l'issue était favorable à la haine de parti, puisque l'accusée s'y était confirmée dans sa rechute; dont le défaut pouvait être objecté à l'évêque de Beauvais comme une infraction aux vœux du conseil? Pourquoi, en outre, l'avoir dénaturée en la mettant sous la forme suspecte d'une pièce surabondante et non attestée? La difficulté issue de l'absence de Manchon, ne me paraît pas suffisante pour avoir motivé tant d'irrégularités.

Une autre chose m'étonne : c'est que ce point, qui est certainement le plus faible du procès de Rouen, n'a pas été touché lors de la réhabilitation. Manchon révéla le fait qui le concernait en 1450, lors de la première enquête ordonnée par Charles VII; il n'y revint pas en 1456; Taquel, qui avait parlé d'un interrogatoire en 1452, se tut également en 1456, et ni les autres témoins, ni la partie civile n'en ouvrirent la bouche.

Sans conclure à rien, il me semble impossible de condamner l'évêque de Beauvais sur un point où l'ont absous implicitement les juges de sa mémoire.

XXII.

De la communion accordée à Jeanne le jour de sa mort.

Les ayants cause de la Pucelle ont argüé de la mauvaise conscience de ses juges par ce fait qu'ils lui accordèrent la permission de communier avant de mourir [1]. Les modernes ont fait valoir le même moyen. Mais la décrétale sur les hérétiques ne laisse pas de prétexte au blâme. Elle dit, en parlant des relaps : « S'ils se repentent après leur condamnation, et que les signes de leur repentir soient manifestes, on ne peut leur refuser les sacrements de pénitence et d'eucharistie, en tant qu'il les demanderont avec humilité [2]. »

XXIII.

De la rédaction du procès.

J'ai eu l'occasion d'avancer déjà plusieurs fois

[1] Procès, t. II, p. 254 et 315.

[2] Sextus decretalium, lib. V, tit. I, c. IV.

que Thomas de Courcelles avait mis le procès dans sa forme authentique[1]. Il fit cela d'après un premier travail de rédaction que les greffiers réunis avaient arrêté à la fin de chaque audience. Ce travail, qu'on est convenu d'appeler la minute (*notula* dans les actes de la réhabilitation), reproduisait en français les interrogatoires de Jeanne; de courtes notes en latin y indiquaient les choses de procès-verbal.

Pour prendre place dans la rédaction définitive, les interrogatoires furent traduits littéralement en latin. Cette traduction était-elle fidèle? On en douta dans l'origine. Le promoteur qui commença les poursuites en 1452[2], les avocats de la famille d'Arc en 1455[3], articulent positivement l'infidélité. Guillaume Manchon fit taire ces imputations en produisant la minute, qu'un manuscrit nous a conservée. Comme M. de l'Averdy a suffisamment établi la conformité du texte français avec la version latine, je n'ai pas à y revenir[4].

Quant aux notes du procès-verbal, Thomas de

[1] Ci-dessus, p. 106. Voy. aussi, t. V, p. 387 des *Procès*.

[2] Procès, t. II, p. 314.

[3] *Ibid.*, p. 222.

[4] Notices et extraits des manuscrits, t. III, p. 229.

Courcelles les développa de manière à en former un récit plus circonstancié. C'est là qu'il y aurait à faire quelque reproche au rédacteur. Dans deux endroits, il a supprimé son nom avec une intention évidente de soustraire aux yeux du public l'excès de zèle qu'il avait déployé dans la cause. L'une de ces suppressions porte sur un vote du conseil relatif à l'emploi de la torture contre Jeanne. Trois membres seulement, dont Courcelles était un, furent d'opinion qu'on usât de ce moyen rigoureux. Cela a été dissimulé dans la rédaction définitive, au moyen d'une simple mention de l'avis négatif de la majorité [1]. L'autre suppression concerne la lecture du réquisitoire. D'après la minute, Thomas de Courcelles fit cette lecture qui était dans les attributions du promoteur; la rédaction définitive porte seulement qu'elle fut faite, sans dire par qui [2]. Cette dernière circonstance est d'autant plus grave que le réquisitoire lui-même serait en partie l'ouvrage de Courcelles, si je comprends bien une phrase fort obscure de la dernière déposition de Guillaume Manchon, où il atténue, sans motif apparent, le rôle de Thomas de Cour-

[1] Procès, t. I, p. 402, 403.

[2] « Fuerunt lecti articuli ex parte promotoris exhibiti. » T. I, p. 201.

celles, disant que ce docteur n'a presque rien fait du réquisitoire, non plus que des autres actes du procès [1].

Tels sont les seuls points où j'aie trouvé l'instrument du procès et la minute en désaccord. S'il est permis d'en tirer une impression défavorable à Thomas de Courcelles, personne ne prétendra que cela constitue un vice de forme.

XXIV.

Conclusion sur le procès.

L'homme le plus droit que la Providence ait rapproché de la Pucelle pendant son martyre, fut un obscur dominicain de Rouen, nommé Isambard de la Pierre. Ce digne religieux parla tout le temps du procès selon sa conscience, ne craignit pas de s'exposer à des reproches pour éclairer l'accusée sur les piéges qu'on lui tendait, l'assista le jour de sa mort, et tint la croix devant elle jusqu'à son dernier soupir. Quoiqu'il sût mieux que personne de combien de passion était corrompue l'intention du principal juge, il n'a pas laissé de convenir qu'il avait observé suffi-

[1] « Dicit tamen ipsum magistrum Thomam in facto processus, « de libello et aliis quasi nihil fecisse. » T. III, p. 135.

samment les règles du droit[1]. Ce que j'ai dit du procès n'est pas autre chose que le commentaire de cette parole trop peu remarquée.

Dès qu'on peut établir que le tribunal de Rouen sauva ses actes par l'apparence, quantité de faits qui furent la conséquence de l'illusion, se révèlent ou s'expliquent. La France française fut frappée de crainte et partagea les doutes de son gouvernement. Le clergé n'osa plus se prononcer comme il avait fait d'abord sur un cas extraordinaire, réprouvé par une si notable partie de lui-même. Les honneurs religieux, qu'on avait rendus à Jeanne pendant sa vie[2], cessèrent aussitôt après sa mort; et celle qui avait réalisé la perfection chrétienne dans des conditions où personne n'avait jamais osé la concevoir, celle qui s'était manifestée aux hommes avec toute l'apparence du miracle, cette sainte n'obtint pas le culte réservé aux saints, dont son siècle fut encore

[1] « Satis observabant judices ordinem juris. » T. II, p. 351.

[2] « Multi in præsentia ejus eam adoraverunt ut sanctam, et « adhuc adorant in absentia, ordinando in reverentiam ejus missas « et collectas,... elevant imagines et repræsentationes ejus in « basilicis sanctorum, ac etiam in plumbo et alio metallo repræ- « sentationes ipsius super se deferunt, prout de memoriis et repræ- « sentationibus sanctorum per Ecclesiam canonizatorum, solet « fieri. » Art. 52 *du Réquisitoire*, t. I, p. 290.

si prodigue qu'il en gratifia un archevêque d'Arles fameux pour avoir déchiré l'Église [1]. Ce fut là l'effet immédiat du procès de Pierre Cauchon, effet que la réhabilitation prononcée plus tard ne parvint pas à détruire.

XXV.

De la réhabilitation de Jeanne.

La réhabilitation de la Pucelle est une bonne action de Charles VII, un retour courageux quoique non pas tout à fait complet qu'il osa faire sur les préventions de sa jeunesse. Il paraît en avoir poursuivi l'accomplissement avec cette ténacité qu'il mettait à exécuter les décisions de sa conscience. Ayant fait de son chef commencer les enquêtes en 1450, il n'obtint l'acquiescement du pape qu'en 1455, bien que dans l'intervalle il eût en quelque sorte forcé la main à la cour de Rome, en impliquant dans l'affaire un cardinal français envoyé en légation par devers lui.

Lorsqu'on réfléchit à l'état de faiblesse où la papauté était tombée alors vis-à-vis du roi de

[1] Saint Louis, archevêque d'Arles, auteur du schisme qui suivit le concile de Bâle.

France, et qu'on la voit temporiser de la sorte sur une question qui nous paraît de la justice la plus simple, on est ramené avec plus de force à la considération que j'ai déjà fait valoir, celle du grand effet que le procès de Rouen avait produit. Il s'agissait de faire déjuger l'Église par elle-même. Peut-être Charles VII n'eût-il pu l'obtenir, s'il n'avait pas présenté la réhabilitation de Jeanne comme la sienne propre. Il prétendit que le jugement de Pierre Cauchon le déshonorait[1] : en quoi il élevait après plus de vingt ans écoulés un procès de tendance contre un mort dont l'ouvrage, tel qu'il ressort des documents, est au contraire un chef-d'œuvre de réserve à l'égard de lui, Charles VII. Calixte III, créé pape au milieu des alarmes de l'Europe entamée par les Turcs, accorda enfin cette satisfaction personnelle au roi de France, qu'il espérait entraîner contre l'ennemi de la croix.

Les juges de la réhabilitation étaient la probité même. Mais, parce que c'est là un fait constant, il ne faut pas que la critique s'abdique

[1] T. II, p. 316, art. 26 du questionnaire présenté aux témoins de 1452. Quoique nous n'ayons pas le questionnaire de 1456, il est certain par les réponses des témoins que l'article 25 tendait à établir le même point.

devant leur procès, ni que tout ce qui est dedans soit accepté sans observation.

Les dépositions des témoins, qui en forment la partie capitale, ont l'air d'avoir subi la plupart de nombreux retranchements. Il n'y en a qu'une par exemple, où soit relaté un seul trait, le seul fourni par la réhabilitation, de toute la partie si ignorée de la vie de Jeanne qui s'écoula entre le retour de Paris et sa captivité [1]. Pour tout ce que Gaucourt a dit de la délivrance d'Orléans et du voyage de Reims, on met seulement « qu'il concorde avec le sire de Dunois [2]. » La déposition de Manchon en 1456 ne contient plus certaines choses qu'il avait avouées en 1450 [3], etc., etc. Quant au formulaire d'après lequel eurent lieu les interrogatoires, tant à Orléans qu'à Paris et à Rouen, il manque au procès.

Je vois là autant de suppressions commandées par les circonstances. Le principe de la prescription en matière criminelle n'était pas consacré au XVe siècle; mais entre 1431 et 1455 avaient été accordées des amnisties qui équivalaient à la prescription. L'honneur de tout le

[1] Procès, t. III, p. 217.

[2] Procès, t. III, p. 18.

[3] Cf. t. II, p. 10, et t. III, p. 133.

monde devait être sauf, de sorte que les juges, bornant le devoir des témoins à articuler sur l'innocence de la Pucelle, purent ou retrancher de leurs dépositions les passages qui auraient compromis d'autres personnes, ou leur laisser la faculté d'éluder les questions, lorsque la réponse leur eût été préjudiciable à eux-mêmes.

La même raison expliquera pourquoi il n'y eut d'enquêtes ni à Compiègne, ni à Senlis, ni à Lagny, lieux que l'accusation avaient désignés comme le théâtre principal des soi-disant méfaits de la Pucelle; pourquoi on n'appela point à déposer certaines personnes dont le témoignage aurait été d'un grand poids, comme par exemple l'évêque de Digne, Pierre Turelure, qui avait été de la commission de Poitiers, le duc de Bourbon, Poton de Xaintrailles [1] et d'autres encore; pourquoi des témoins cités tant en 1452 qu'en 1456, ne comparurent pas ou du moins ne furent pas mentionnés comme ayant comparu [2]; pourquoi d'anciens assesseurs de Pierre Cauchon figurèrent

[1] Morts, le premier en 1466, le second en décembre 1456 et le troisième en 1462.

[2] Guillaume de Bigars, t. II, p. 296; Guillaume Fortin, *ibid.*; Richard du Grouchet, t. III, p. 41; Gérard de Chiché, t. III, p. 44; Isambard de la Pierre, t. III, p. 41.

au tribunal de la réhabilitation comme témoins de ses actes, et cependant ne déposèrent point[1].

Le bref de Calixte III avait désigné le promoteur du procès de Rouen, mort depuis de longues années, comme le bouc émissaire de toutes les iniquités commises[2]. Il fut impossible aux juges de ne pas mettre aussi en cause le feu évêque de Beauvais, quoique la lettre apostolique l'eût désigné comme un homme de bonne mémoire[3]. La lâcheté de ses complices, plutôt que la notoriété de son infamie, facilita singulièrement le sacrifice qu'on fit de sa renommée. En vain on évoqua les défenseurs quels qu'ils fussent, de sa mémoire; personne n'osa se présenter. Ses héritiers même l'immolèrent en déclinant la responsabilité de sa conduite, dont leur bas âge, dirent-ils, les avait empêchés d'être juges[4]. Quant à l'inquisiteur qui l'avait assisté, on a été jusqu'ici dans l'impossibilité de savoir s'il était mort ou vif en 1456. Dans les actes de la réhabilitation son nom est précédé tantôt de *quidam* (un nommé), tantôt de

[1] Ægidius de Campis, t. II, p. 137; t. III, p. 262; Geoffroi du Crotay, t. III, p. 234, 353.

[2] T. II, p. 95.

[3] « Bonæ memoriæ Petro episcopo belvacensi. » T. II, p. 96.

[4] T. II, p. 194.

quondam (feu), et la négligence avec laquelle a été écrit le procès s'opposerait effectivement à ce qu'on choisît avec quelque chance de certitude entre ces deux versions, s'il n'y avait dans le bref du pape une expression qui doit faire conclure qu'il avait cessé de vivre[1].

L'instrument du procès fourmille pour sa part, d'inexactitudes de rédaction et de fautes matérielles que je signale dans une notice à part, qui accompagne mon édition[2].

Je ferai une dernière remarque sur la réhabilitation de la Pucelle. Elle me semble avoir été d'une grande conséquence pour les destinées de l'inquisition dans notre pays. Les trois hommes de bien qui eurent l'honneur de la prononcer, Jean Jouvenel des Ursins, Guillaume Chartier et Jean Brehal, ne virent pas sans effroi quels abus pouvait enfanter un droit si contraire au droit naturel. Nommés une seconde fois commissaires en 1461, dans l'affaire des Vaudois d'Arras, ils mirent à néant les poursuites exercées contre ces malheureux[3]. Plusieurs ayant déjà péri, ils les ré-

[1] « Quondam Johanni Magistri, ordinis Fratrum Prædicatorum professori, etc., etiam tunc in humanis agenti. » T. II, p. 96.

[2] T. V, p. 436.

[3] Mémoires de Jacques du Clercq, liv. IV, c. XXVIII, édition du Panthéon littéraire.

habilitèrent comme ils avaient fait de Jeanne ; mais la réhabilitation cette fois entraîna des actions civiles, par suite desquelles le saint office eut à répondre en parlement. De là un immense discrédit où cette juridiction tomba en France, quoique au contraire la fin du xve siècle ait été pour elle une époque de recrudescence dans la presque totalité de l'Europe. Notre nation, si oublieuse qu'elle semble s'abreuver de l'eau du Léthé, fonda sans doute sur cet affranchissement précoce la créance qu'elle eut par la suite et où elle se tient encore, de n'avoir jamais subi le joug inquisitorial.

XXVI.

De l'opinion sur la Pucelle.

Lorsque le peuple de France vit les œuvres de la Pucelle et recueillit les paroles qu'elle disait d'elle-même, il n'y eut qu'une voix pour l'élever au-dessus de tous les saints [1]. On lui dressa des statues dans les églises ; des oraisons furent composées, des messes chantées en son honneur. Ce culte, peu goûté du gouvernement, et peut-être

[1] « Imo eam dicunt majorem esse omnibus sanctis Dei post « beatam Virginem. » *Procès*, t. I, p. 290. Elle-même appelait les saints « ses frères du paradis. » *Ibid.*, t. II, p. 437.

aussi du haut clergé, cessa, comme je l'ai dit, par sa mort. Il semble qu'alors, pour accorder ceux qui la réputaient sainte et ceux qui ne voulaient pas qu'elle fût telle, on imposa silence sur sa mémoire. L'absence de son nom dans des écrits où elle ne s'explique pas, me conduit à cette conjecture. A une assemblée d'états tenue à Blois en 1433, il fut donné lecture d'un mémoire d'apparat dont l'auteur, après s'être étendu sur les succès miraculeux du roi, en rendait grâces à Dieu, « qui avait donné courage à une petite compagnie de vaillants hommes de ce entreprendre[1]; » de la Pucelle, pas un mot. Une épître apologétique de Philelphe à Charles VII offre la même réticence[2]. On n'est pas moins surpris de voir que l'élégant poëte Charles d'Orléans, si sensible aux consolations que lui donnaient les dames de Londres, n'ait pas trouvé un accent pour celle qui lui avait sauvé ses domaines.

Les souvenirs comprimés, mais non abolis dans le peuple, se réveillèrent en 1436 par l'apparition d'une aventurière qui se donna pour

[1] Épître de Jean Jouvenel des Ursins aux trois états tenus à Blois. Ms. de Saint-Germain, français, n° 352, p. 32, à la Bibliothèque nationale.

[2] La dernière du liv. VIII.

la Pucelle. Après avoir eu l'art d'en imposer à la famille d'Arc elle-même, après avoir fait preuve d'une valeur extraordinaire en Allemagne, en France, en Italie; enfin après avoir occupé la renommée pendant cinq ans consécutifs, cette femme disparut, laissant l'opinion tout à fait métamorphosée à l'égard de sa devancière [1]. Pour les uns, la vraie Jeanne n'était pas morte, et les exploits de la seconde se confondant dans leur esprit avec ceux de la première, il commença à se former par leur erreur une tradition où la Pucelle, traitée comme les héros des romans carlovingiens, tendit à absorber en elle toute la gloire militaire de son temps [2]. Les populations plus éclairées qui reconnurent la supercherie, y prirent l'occasion de rendre à Jeanne d'Arc les hommages publics qu'elles avaient rétablis un moment pour l'usurpatrice de sa gloire [3]; mais le respect religieux dont on lui avait payé le tribut de son vivant, ne fut pas restauré.

Le procès de réhabilitation vint ensuite don-

[1] J'ai réuni tout ce qu'il y a de documents sur la fausse Jeanne dans le cinquième volume de l'édition des Procès.

[2] Dom Calmet a publié une chronique de Lorraine où la Pucelle est présentée sous ce jour. Voyez l'édition des Procès, t. IV, p. 329.

[3] Procès, t. V, p. 326, 331 et 275 et suiv.

ner une tournure de commande aux souvenirs, qu'il eut au moins le mérite de fixer. Il est la source de tout ce qu'ont écrit les chroniqueurs favorables à la Pucelle : il a fourni les traits de cette froide image qui a trop longtemps défrayé l'histoire, image d'une chaste fille venue pour rendre cœur à son roi, d'abord prise en défiance, puis écoutée et suivie ; malheureuse de sa réussite, puisque la reconnaissance du monarque, en la retenant plus qu'il n'aurait fallu, la précipita vers une funeste fin.

Ce qui était froid au XVe siècle devint fade au XVIe. Les auteurs ne faisant que se copier d'âge en âge, les originaux furent comme s'ils n'existaient plus. Aussi les premiers qui apportèrent des intentions de critique en histoire, regardèrent-ils comme une conquête sans pareille, d'avoir trouvé dans Monstrelet une opinion contraire à celle qu'une transmission peu intelligente leur avait fournie. Dès lors l'autorité du chroniqueur bourguignon l'emporta et l'on s'habitua dans le monde éclairé à regarder la Pucelle comme un instrument politique. Le grand du Bellay lui-même professa cette erreur[1]. Vainement

[1] Instructions sur le fait de la guerre, ch. IX.

il fut contredit par Guillaume Postel, rêveur enthousiaste qui apporta à la défense de Jeanne plus de colère que de raison, prétendant que quiconque ne croyait pas en elle « méritait d'être exterminé comme destructeur de la patrie, » et que « ses faits étaient chose nécessaire à maintenir autant que l'évangile [1]. » Du Haillan, échauffé par la contradiction, perdit toute mesure, et révoqua en doute même la chasteté de la Pucelle [2].

Ce n'est qu'au milieu des guerres de religion, et probablement par leur effet, que des esprits graves allèrent puiser dans les documents la foi en Jeanne d'Arc : consolation pour ceux qui voulaient croire au salut du pays. « Grand pitié ! » s'écrie Étienne Pasquier, « jamais personne ne secourut la France si à propos et si heureusement que ceste Pucelle, et jamais mémoire de femme ne fut plus déchirée que la sienne [3]. » Pierre Grégoire, en écrivant le septième livre de son traité *De Republica* [4], les ma-

[1] Les très-merveilleuses victoires des femmes du nouveau monde, in-24, Paris, 1553, p. 18.

[2] De l'estat et succès des affaires de France, liv. II.

[3] Recherches sur la France, liv. VI, ch. v.

[4] Après avoir parlé des apologistes de Jeanne : « Quos vel non « vidit unus qui se historiographum Galliæ audet dicere, qui fabu- « lam existimat impudentem Johannæ historiam, nec eam fuisse

gistrats d'Orléans en faisant imprimer la relation du siége de 1429, dont ils possédaient le manuscrit dans le Trésor de leur ville [1], avaient exprimé déjà les mêmes regrets que Pasquier. Ces protestations, jointes aux publications encouragées ou faites par la famille du Lys [2], qui était issue d'un frère de Jeanne d'Arc, remirent le nom de la Pucelle en honneur sous Henri IV et sous Louis XIII. Mais les réminiscences de l'antiquité

« arbitratur; homo pejor Anglis qui id ipsum fatentur. » Cap. XI, tit. 45.

[1] « Non mal traictée par les estrangers lesquels tous (l'Anglois excepté) l'ont recommandée; ains par aucuns des nostres mesmes, plus ennemis de l'honneur françois et de l'amour que Dieu porte à nos roys que les nations plus estranges. » Préface du livre intitulé : *Histoire et discours du siége qui fut mis devant la ville d'Orléans par les Anglois*, etc., imprimé à Paris pour Saturny Hotot, in-4°, MDLXXVI.

[2] De l'extraction et parenté de la Pucelle d'Orléans avec la généalogie de ceux qui se trouvent aujourd'huy descendus de ses frères, l'an 1610. In-4° d'une feuille. — *Joannæ Darc heroinæ nobilissimæ historia*, par Jean Hordal, Pont à Mousson, 1612. — Traité sommaire tant du nom et des armes que de la naissance et parenté de la Pucelle et de ses frères. Fait en octobre 1612, et revu en 1628, in-4°. — Inscriptions pour les statues du roy Charles VII et de la Pucelle d'Orléans qui sont sur le pont de la dicte ville, 17 pages petit in-4°, 1613. — Recueil de plusieurs inscriptions proposées pour remplir les tables d'attente estans sous les statues du roy Charles VII et de la Pucelle d'Orléans, etc., in-4°, Paris, 1628.

classique gâtèrent les bonnes intentions de l'époque. La sainte fille du moyen âge fut travestie en Grande héroïne, en Illustre amazone. Un concours ayant été ouvert entre les poëtes pour composer l'inscription de son monument relevé par les Orléanais, Malherbe ne trouva rien de mieux à dire à sa louange, sinon qu'il était juste qu'elle eût péri comme Alcide, ayant vécu comme lui. Je ne sache que la fille adoptive de Montaigne, mademoiselle de Gournay, à qui le portrait de Jeanne, exposé dans la galerie du cardinal de Richelieu, ait inspiré des vers dignes du sujet. C'est un simple quatrain, que je ne puis me défendre de rapporter, quoiqu'il soit d'un langage un peu dur; mais le sentiment est parfait :

> Peux-tu bien accorder, vierge du ciel chérie,
> Cet œil plein de douceur et ce glaive irrité?
> — Mon regard attendri caresse ma patrie,
> Et ce glaive en fureur lui rend sa liberté[1].

Le poëme de Chapelain, attendu comme une Énéide, et publié en 1656, fut aussi funeste à la mémoire de Jeanne qu'un second procès de condamnation. Le ridicule sous lequel succomba le

[1] Ces vers nous ont été conservés par Tallemant des Réaux.

poëme fut si grand, qu'il atteignit même le sujet. Le nom de la Pucelle ne put plus être prononcé sans provoquer le rire, et les travaux de critique que le commencement du siècle avait vus éclore, ne furent point continués. Je ne doute pas que ce discrédit n'ait contribué au choix malheureux de la matière avec laquelle Voltaire, encore jeune, composa le poëme que lui avaient suggéré à la fois son enthousiasme pour l'Arioste et son aversion pour le moyen âge. Mais ni l'heureuse audace du poëte italien à l'égard des héros de nos vieux romans, ni l'entraînement de la controverse, ne justifient cet écart d'un si grand esprit. Celui qui ne parla jamais de saint Louis qu'avec vénération, celui qui apprit aux Français à bénir la mémoire de Henri IV et à respecter celle de Louis XIV, aurait dû s'apercevoir qu'il se manquait à lui-même en s'égayant aux dépens de Jeanne d'Arc. Il ne fut pas sans en concevoir quelque remords lorsque s'ébruita son ouvrage, dont il n'avait fait longtemps confidence qu'à un petit nombre d'amis [1]; mais l'indulgence de l'opinion à son égard calma sa conscience. Il

[1] Correspondance générale, 1755, n. 143; 1756, n. 228; 1760, n. 115, et sa lettre adressée à l'Académie française, 1755.

publia *la Pucelle* [1], et n'en fut réprimandé que par les adversaires accoutumés qui le réprimandaient sur toute chose.

L'effet du poëme de Voltaire fut de restaurer les études sur Jeanne d'Arc. Au moment où on s'en arrachait les copies manuscrites avec le plus d'avidité, le libraire Debure conçut l'idée de tempérer par un ouvrage sérieux l'approbation indiscrète d'un public frivole [2]. Une vieille et lourde histoire, composée en 1628 par le sorboniste Edmond Richer, était restée jusqu'alors inédite et inconnue. Debure allait la faire imprimer, lorsque Lenglet-Dufresnoy, à qui il la montra, y prit connaissance des documents sur Jeanne d'Arc, et recourant aux originaux mêmes, y puisa la matière de trois petits volumes [3] dont la publication prévint et empêcha celle du travail de Richer [4].

Lenglet-Dufresnoy avoue qu'il avait été des plus

[1] En 1762 seulement, sept ans après l'édition de Hollande qu'il avait désavouée.

[2] Bibliothèque historique de la France, t. II, n. 17221.

[3] Histoire de Jeanne d'Arc, vierge, héroïne et martyre d'État, in-12, Orléans et Paris, 1753-1754.

[4] L'abbé d'Artigny qui devait faire la publication, se borna à imprimer la préface de Richer, dans le tome VII de ses Mémoires. Paris, 1749-1756, art. XII, p. 323.

prévenus sur le compte de Jeanne d'Arc, mais qu'il se rendit à la beauté de son caractère après la lecture des deux procès [1]. L'effet que les documents produisirent sur lui-même, son livre le produisit sur le XVIIIe siècle. C'est un médiocre livre, qui n'apprenait rien qui n'eût été déjà dit; mais il était accommodé aux tendances rationalistes de l'époque, et par là il eut le mérite de rendre à l'histoire des faits qu'on n'osait plus y introduire, de peur de la déshonorer.

A la veille de la révolution française, le travail de Lenglet-Dufresnoy fut repris avec plus de savoir et plus de critique par M. de l'Averdy, ancien ministre de Louis XV. La première pensée qui dirigea cet auteur l'aurait conduit aussi loin que possible, s'il y eût persévéré. Il avait compris de prime abord que les deux procès demandaient à être examinés à part, parce que de l'un et de l'autre devaient ressortir deux tableaux différents, entre lesquels la vérité aurait à se tenir [2]. Mais, ignorant le droit inquisitorial, et ne pouvant constater que ce droit qu'il réputait quelque chose de mystérieux, selon le préjugé de son

[1] Préface, p. 8.

[2] Notices et extraits des mss., t. III, p. 3.

temps, eût été appliqué tout le long du premier procès, il examina l'œuvre de Pierre Cauchon en praticien de palais; et comme il trouva dans la réhabilitation de quoi confirmer son erreur, quoiqu'il affectât de laisser conclure le lecteur, les matériaux furent tellement disposés dans son ouvrage qu'il éclaira davantage, sans la modifier, l'opinion professée avant lui. L'honneur lui restera néanmoins d'avoir composé sur la Pucelle le premier répertoire exact, le premier ouvrage digne de la science moderne; et notre siècle lui doit d'avoir eu la matière toute prête pour traiter l'histoire de la Pucelle, après que l'expérience des révolutions l'eut mis à même de saisir toute la beauté d'une telle histoire.

De notre temps, des écrivains de cœur autant qu'habiles à manier les textes, ont affermi à tout jamais les esprits dans la voie d'admiration où la science les fait avancer depuis un siècle. Ils ont restitué Jeanne aussi entière qu'ils ont pu, et plus ils se sont attachés à reproduire son originalité, plus ils ont trouvé le secret de sa grandeur. M. Michelet, en surpassant les autres dans cette recherche, comme il s'y est surpassé lui-même, a prouvé que la critique, si minutieusement qu'elle opère à l'avenir, n'aura qu'à constater de plus en plus l'intelligence, la pureté, le désintéressement de la Pucelle.

C'est à ceux qui se sentent la force d'aborder un tel sujet, de poursuivre l'œuvre de justice si lentement, si péniblement commencée. La sainte du moyen âge, que le moyen âge a rejetée, doit devenir celle des temps modernes. Elle a confessé par sa mort bien des sentiments pour lesquels il convient qu'il y ait encore des martyrs. Sortie des derniers rangs du peuple, elle vint faire valoir, non pas sa personne, mais le dessein qu'elle n'osait s'attribuer à elle-même, de relever un grand peuple abattu. Moins embarrassée de l'ennemi que de ceux dont il avait fallu qu'elle fît ses auxiliaires, contrecarrée tout le temps par la mauvaise foi, par l'envie, par l'incapacité rai sonneuse et parleuse, abreuvée de peines et de dégoûts, elle immola ses douleurs à sa conscience d'avoir bien fait et de pouvoir faire mieux encore. Forcée enfin de s'arrêter dans l'accomplissement de son ouvrage, elle ne crut pas qu'il vaudrait moins parce que d'autres auraient l'honneur de l'achever, et elle légua ses victoires à ses persécuteurs, comme gage de celles qu'ils y ajouteraient par la force du destin. Aussi, du dernier regard qu'elle jeta sur la terre, elle vit la

TABLE DES MATIÈRES.

FIN DE LA TABLE.

France reconquise et consolée : sérénité admirable de l'espérance enfantée par une conviction vraie, abnégation dont il faut prier Dieu que les cœurs se pénètrent toutes les fois que chercheront à se réunir les forces divisées de la patrie.

FIN.

DE L'IMPRIMERIE DE CRAPELET
RUE DE VAUGIRARD, 9

www.ingramcontent.com/pod-product-compliance
Ingram Content Group UK Ltd.
Pitfield, Milton Keynes, MK11 3LW, UK
UKHW031848260826
14628UKWH00002B/654

9 782019 677886